Julius Sommerbrodt

Das altgriechische Theater

Julius Sommerbrodt

Das altgriechische Theater

ISBN/EAN: 9783743327894

Hergestellt in Europa, USA, Kanada, Australien, Japan

Cover: Foto ©ninafisch / pixelio.de

Manufactured and distributed by brebook publishing software (www.brebook.com)

Julius Sommerbrodt

Das altgriechische Theater

Das

Altgriechische Theater

von

Julius Sommerbrodt.

Mit Abbildungen in Holzschnitt.

Eingetr. Schutzmarke.

Langenscheidtsche Verlagsbuchhdlg.
(Prof. G. Langenscheidt)
BERLIN SW 46, Hallesche Strasse 17.

Spezial-Verlag
von Original-Hilfsmitteln für das Studium neuerer Sprachen u. Litteraturen, unter besonderer Berücksichtigung des phonetischen Systems der

Methode Toussaint-Langenscheidt
sowie von
neueren deutschen Übersetzungen sämtlicher griechischen und röm. Klassiker.

Auszug aus dem Verlagskataloge, der gratis und franko zur Verfügung steht.
Inhalt: Engl. u. frz. Unt.-Briefe f. Deutsche S. 1 - 4. – Deutsche Unt.-Briefe f. Deutsche S. 5. – Wörterbüch. S. 5 u. 6.
Litt.-Gesch. S. 6. – Vokabularien, Schulgrammatiken u. div. sonst. Hilfsmittel S. 6 u. 7. – Langensch. Klassiker-Bibl. S. 8.

1. Original-Unterr.-Briefe für das Selbststudium Erwachsener.
A. Englisch oder Französisch für Deutsche.

(960 S.) **Englisch** (gr. 8°.) | (1050 S.) **Französisch** (gr. 8°.)
von | von
Dr. O. van Dalen | **Ch. Toussaint** und **G. Langenscheidt**
Dozent an der Berliner Akademie für mod. Philol., Professor am Königl. Kadettenkorps u. Mitglied d. Kgl. Akademie gemeinnütz. Wissenschaften, | Professeur de langue et de littérature française. | Prof., Mitgl. d. Ges. für neuere Sprach. z. Berlin.
 | (Seit 1856 alljährlich neu aufgelegt.)
Henry Lloyd und **G. Langenscheidt** | **I. Kursus:** Brief 1—18 (Lektion 1—36).
Prof., Mitglied der Universität zu Cambridge. | Prof., Mitgl. d. Ges. für neuere Sprach. z. Berlin. | **Gratis-Beilagen zum I. Kursus:**
(Seit 1856 alljährlich neu aufgelegt.) | zu Br. 2: I. Beil.: *Le Répétiteur* (80 S.);
I. Kursus: Brief 1—18 (Lektion 1—36). | zu Br. 4: II. Beil.: *L'Aide-Copiste* (32 S.);
Gratis-Beilage zum I. Kursus: | zu Br. 16: III. Beil.: *Konj.-Muster* (44 S.);
I. Beil.: *The Repeater.* | **II. Kursus:** Brief 19—36 (Lekt. 37—72)
II. Kursus: Brief 19—36 (Lektion 37—72) | und ein ca. 12 000 Nachweise enthaltendes alphabetisches *Sachregister*.
und ein ca. 12 000 Nachweise enthaltendes alphabetisches *Sachregister*. | **Gratis-Beilagen zum 36. Briefe:**
Gratis-Beilagen zum 36. Briefe: | IV. Beil.: *Darstell. d. frz. Ausspr.* (24 S.).
II. Beil.: *Darstell. d. engl. Ausspr.* (40 S.). | V. Beil.: *Gallicismes* (16 S.).
III. Beil.: *Gesch. d. engl. Spr. u. Litt.* (32 S.). | VI. Beil.: *Germanismes corrigés* (16 S.).
IV. Beil.: *Der englische Briefstil* (16 S.) | VII. Beil.: *Der franz. Briefstil* (16 S.).
V. Beil.: *Anglicismen, Sprichw. &c.* (16 S.). | VIII. Beil.: *Coup d'œil sur la litt. frç.* (16 S.).

Empfohlen von Staatsminister Dr. **v. Lutz**, Exz., Staatssekretär Dr. **v. Stephan**, Exz., Prof. DDr. **Diesterweg**, **Herrig**, **Schmitz**, **Stædler**, **Viehoff** und anderen Autoritäten.

Jede Sprache 2 Kurse à 18 M. (auch in Raten à 3 M. Post-Einzahlung). Kursus I u. II einer Sprache, auf einmal bezogen, statt 36 nur 27 M. — (Kursus I legt den Grund für das eigentliche, erst im II. Kursus mögliche Eindringen in den Geist der fremden Sprache.)
Da das Studium jedes Briefes bei täglich ca. 2 stündiger Arbeit 14 Tage, jeder Kursus etwa 9 Monate beansprucht, so beträgt hiernach — die Gratisbeilagen nicht mitgerechnet — das Honorar für den Unterricht wöchentlich nur 38 Pfennig.

Juni 92: 30 000

Seit einem Menschenalter hat die Sprachwissenschaft, früher fast ausschließlich den alten klassischen Sprachen zugewandt, erst die deutsche, dann die anderen lebenden Kultursprachen in ihr Bereich gezogen und dadurch einen nie geahnten Aufschwung genommen. Die auf solchen Studien fußenden Lehrer haben in unseren Unterrichtsanstalten allerdings das grammatische Wissen bedeutend gefördert; allein das Können, die lebendige Handhabung der fremden lebenden Sprache blieb doch — rühmliche Ausnahmen abgerechnet — hinter den Bedürfnissen der Zeit zurück.

Dem in der Regel auf einer nicht so hohen wissenschaftlichen Stufe stehenden Privat-Unterricht gelang es nur selten, diese Lücke zu ergänzen, so daß eine Fertigkeit im Gebrauche der Sprache fast nur in gereifterem Alter zu erwerben war, und zwar entweder durch den Aufenthalt im Lande selbst oder, in den weitaus meisten Fällen, durch Selbststudium. Für letzteres aber fehlte es an brauchbaren Hilfsmitteln.

Die Erkenntnis dieser Mängel rief vor 36 Jahren die nachstehend besprochenen Original-Unterrichtsbriefe hervor.

Die wichtigste Errungenschaft der Methode Toussaint-Langenscheidt beruht in der (durch tausendfältige Anerkennung bestätigten) Thatsache, daß die Methode jedem, der lernen will, die Möglichkeit bietet,

sein eigener Lehrer

zu werden, ohne an kostspiel. Privat-Unterricht, bestimmte Lehrstunden c. gebunden zu sein.

Eine der Hauptursachen dieses Resultats war augenscheinlich die, nur dieser Methode eigene, wirkliche Vertretung der betreff. Nationalitäten in der Person der Verf.: Jede Spr. ist von einem Engländer, bzw. Franzosen u. zweien, bzw. einem Deutschen von vornherein gemeinschaftlich bearbeitet.

Von diesen Verfassern wirkten die Professoren Lloyd, bzw. Toussaint hier in Berlin seit länger als 25 Jahren als Lehrer ihrer Muttersprache; ihre prakt. Erfahrung im Sprach-Unterricht an Deutsche brachte den Werken großen Nutzen. Prof. Langenscheidt dagegen vertrat das deutsche Element und diente der Sache mit seiner method. Erfahrung. Prof. Dr. van Dalen kam außerdem dem engl. Unterrichte mit seiner wissenschaftlichen Sprachkenntnis zu Hilfe: so daß von seiten der Grammatik und Methodik alles geschehen ist, um beide Werke möglichster Vollkommenheit entgegen zu führen.

Die „Allg. Schulztg." sagt hierüber:

„Wie nur immer ein tüchtiger Lehrer den Unterricht mit der „lebendigen Stimme" erteilt, so verhandeln die Verfasser aufs gründlichste mit ihren Schülern und überbieten dabei noch den besten Lehrer dadurch, daß sie, was in der lebendigen Persönlichkeit unmöglich ist, zwei Sprachmeister zu gleicher Zeit sind, indem beide Nationalitäten zu einer Persönlichkeit zusammenschmelzen, wodurch eine doppelte Lehrkraft zu einer mächtigen Potenz wie zusammengewachsen ist, die so das rein Unmögliche leistet."

Eigentümlichkeiten dieses Unterrichts.

1) Es wird dem Schüler keine jener großen trockenen Grammatiken in die Hand gegeben, deren Anblick allein manchen entmutigt, — sondern der Lehrstoff wird ihm in kleinen Quantitäten, aber stets in großer Mannigfaltigkeit geboten.
2) Ein sittenreiner Roman dient dem Unterrichte zur Grundlage und macht das ganze Studium spannend und unterhaltend.
3) Der Schwerpunkt liegt in der Angabe der Aussprache nach dem T.-L.schen System, das für die Sprache das ist, was für die Notenschrift die Musik. Jeder, der deutsche Druckschrift richtig liest, vermag danach auch die fremde Sprache zu sprechen. (Man vergleiche die Urteile auf S. 3 u. 4.)
4) Vortrag allgemein verständlich.
5) Sprechen, Lesen und Schreiben der fremden Sprache von der 1. Stunde an.
6) Jeder Brief bringt die Lösungen der Aufgaben des vorigen.
7) Vervollkommnung auch im Deutschen.
8) Vorkenntnisse oder besondere Fähigkeiten werden nicht vorausgesetzt. Dagegen wird Anstrengung und Einsetzung der edelsten Kräfte des Selbststudierenden verlangt.
9) Jede Sprache ist für sich besonders bearbeitet, so daß die Wahl frei steht, mit Engl. oder Franz. zu beginnen.
10) Auch Geübteren Vervollkommnung.

Erfolge der Methode Toussaint-Langenscheidt.

Die Verfasser können mit Genugthuung konstatieren, dass der von ihnen vertretenen Sache die denkbar grössten Anerkennungen zu teil geworden sind: von seiten des Staates u. von allerhöchster u. höchster Stelle aus wurden dem (vom Kgl. Preuss. Unt.-Ministerium zum

(Langenscheidtsche Verl.-B.) **Engl. u. Frz. Orig.-Unterrichtsbr.** (Berlin SW 46.) 3

Professor ernannten) Begründer d. Methode vielfache Auszeichnungen verliehen*);
von der Jury der Ausstellung deutscher Unterrichtsmittel wurde die Meth. ausgezeichnet: Wien, 1873, „Verdienst-Med.", — Altona, 1869, „Ehrenv. Anerk.", —Dresden, 1879, „1. Preis", — Berlin, 1879, „Ehr.-Dipl.", — Brüssel, 1888, „Gold.Med."
von seiten der fachwissenschaftl. Kritik u. des stud. Publikums endlich hat die Meth. T.-L., sowie das Aussprache-Bezeichnungs-System derselben eine Anerk. erfahren, die wir ohne Überhebung als noch nie vorgekommen bezeichnen dürfen.
Genaueren Nachweis hierüber enthält folgende Broschüre, d. gratis versandt wird:
„*Nachweis d. Verbreitung, welche die Orig.-Unterrichtsbr. nach d. Meth. T.-L. in d. 36jähr. Zeitraum v. 1856—1892 in ca. 8000 Orten d. Erde gefunden haben.*"
Aus allen diesen Orten können Personen nachgewiesen werden, welche die Unt.-Briefe bezogen haben und in der Lage sind, über die erzielten Erfolge Auskunft zu geben.
Dieses Verzeichnis bringt gleichzeitig: die Angabe von ca. **650 Organen** der fachwisschaftl. und polit. **Presse**, sowie die Namen von ca. **700 Schulmännern** und **Männern der Wissenschaft** überhaupt, welche diese Unterr.-Briefe **empfehlen**.

Bestandene Examina.

Wie der gratis zur Verfügung stehende Prospekt durch Namensangabe nachweist, haben Viele das Examen als Lehrer des Engl. oder Franz. „gut" bestanden, lediglich auf Grund des durch d. Studium unserer Unterrichtsbriefe hierin erworbenen Wissens und Könnens.

Allgemeine Urteile über die Methode.

Der Königl. Bayr. Staats- und Unterrichtsminister Herr Dr. von Lutz, Exzellenz: „Meiner Überzeugung nach hat die Meth. T.-L. wesentlich dazu beigetragen, den Austausch der Ideen unter den betreffenden Nationen zu erleichtern und zu befördern."

---

*) u. A.: Ritterkreuz I. Kl. d. Kgl. Bayr. Verdienstordens; — Ritterkreuz des Kgl. Griech. Erlöserordens; — Ritterkreuz in Gold des Großh. Mecklb. Hausordens b. W. Krone; — Kgl. Rum. golb. Med. „Bene merenti" I.Kl.; — Herz. Goth. Verdienstmedaille für Kunst und Wissenschaft. — Goldene Hohenzoll. Verdienstmedaille etc. etc.

Herr Geheimrat Dr. Feodor Wehl im Feuilleton d. „Dresd. Journ. Ztg.": „Hier ist es der Erfolg, der für die Sache spricht, und wenn wir eine Beifügung uns zu machen erlauben, so ist es nur die, daß wir unsere Bewunderung aussprechen über die Art und Weise, mit welcher die Sprachlehre gewissermaßen in den Geist der Zeit aufgegangen ist und sich damit imponierendem Geschick die Intelligenz zu eigen gemacht hat, die in der heutigen Welt Gemeingut der Menschen geworden ist. Auf sie basierend, handhabt diese Meth. die Regeln der Grammatik und Aussprache mit einer in Erstaunen setzenden Leichtigkeit, ja, wir möchten sagen, mit einer gewissen Anmut des Geistes, derart, daß alles Steife und Verknöcherte der Sprachlehre daraus verloren geht, und diese einem jung und frisch, gleichsam lebenquellend, entgegentritt etc. Die Lehrmethode von T.-L. tritt ohne viel Gepäck wie ein Weltmann und Reisender bei uns ein. Sie hat einen leichten Umgangston u. gefällige Manieren. Sie spricht einfach, kurz und schlicht, aber immer so, daß der Geist dadurch angeregt wird, und man gewissermaßen bei dem Sprechenlernen auch zugleich denken lernen kann. Das Organisatorische und Gymnastische der Meth. beschäftigt u. stählt den Sinn; sie hat entschieden ein philosophisches Element in sich oder doch etwas von den Errungenschaften eines solchen. Das hebt sie über viele hinaus und giebt ihr jenes gehobene geistige Leben, daß sie vor vielen andern auszeichnet und ihr den großen Erfolg verschafft, die sie hatte u. noch haben wird."

„Diese Briefe verdienen d. Empfehlung vollständig, welche ihnen von Prof. Dr. Büchmann, Dir. Dietterweg, Prof. Dr. Herrig, Staatsminister Dr. von Lutz, Exc., Staatssekretär Dr. v. Stephan, Exc. und and. Autoritäten geworden ist."   (Lehrer-Ztg.)

„Wer, ohne Geld wegzuwerfen, wirklich zum Ziele gelangen will, bediene sich dieser Original-Unterrichtsbriefe."   (Neue Freie Presse.)

Fräulein Ritter, Tochter des Herrn Rektor Dr. Ritter zu Nienburg a/W., schreibt unter dem 11. März 1892 an Prof. Langenscheidt. (Original englisch.)
„Geehrter Herr! ... — Hinsichtlich der engl. Briefe muß ich sagen daß dieselben unübertrefflich sind. Auf diese Art Sprachen zu lernen ist ein Vergnügen. Als ich mit dem Studium begann (etwa am 4. Januar 1891), war ich nicht im Stande, auch nur den kürzesten Satz auf Englisch zu sprechen, und die Aus-

sprache hauptsächlich bereitete mir große Schwierigkeiten. Doch schon nach Durchnahme des ersten Ihrer engl. Briefe war ich ganz glücklich, da derselbe die Aussprache eines jeden Konsonanten u. Vokals in einer so interessanten und klaren Art und Weise lehrt, daß es kaum möglich ist, sich zu irren. Jeder weitere Brief bereitete mir neues Vergnügen. Das Studium des Ganzen setzt den Schüler nicht nur in den Stand, sich verständlich zu machen, sondern ist auch von moralischem Einfluß auf seine Energie. Ein Werk wie diese englischen Briefe kann nicht verfehlen, die größte Bewunderung u. ein tiefes Dankbarkeitsgefühl gegen den Verfasser bei allen zu erregen, welche dasselbe kennen lernen. Ich war im vergangenen Herbst 3 Monate in London, und zwar bei einer englischen Dame die kein Wort Deutsch verstand. Um so froher war ich, mich mit ihr unterhalten zu können, und mit Genugthuung bemerkte ich, daß die Aussprache, die ich aus den Briefen erlernt hatte, mit der ihrigen übereinstimmte. Diese Dame sowohl als auch ihre Umgebung fanden meine Aussprache „wonderful" u. man wollte mir nicht glauben, daß ich Englisch ohne Lehrer gelernt hätte."

Herr Lehrer Bäge zu Göritz bei Coswig i/A. schreibt unterm 20. November 1891 an Prof. G. Langenscheidt:

„Hochg. H.! Ich habe Ihre Unterrichtsbriefe auf meinem einsamen Dorfe in aller Stille studiert. Ohne auch nur eine engl. Unterrichtsstunde genommen, ja, ohne auch nur einmal aus einem anderen Munde englische Worte gehört zu haben, unterwarf ich mich in der vorigen Woche der Mittelschullehrerprüfung in beiden Sprachen. Etwas ängstlich hinsichtlich meiner englischen Aussprache trat ich in den Prüfungssaal. Doch, mich fest an die gelernte Aussprache bindend, las ich etwa eine halbe Seite des mir vorgelegten Stückes von Macaulay. Wie erfreut war ich, als der Examinierende, Herr Professor Fischer, meine Aussprache für „gut" erklärte und mich fragte, wo ich dieselbe erlernt hätte. — Gern gab ich ihm natürlich Bescheid."

Herr Prof. Dr. Hoppe (am Gymnas. zum Grauen Kloster in Berlin) schreibt unterm 24. Nov. 1891 an Prof. G. Langenscheidt:

„Ich habe eine Reihe von Jahren der Prüfungskommission für Rektoren u. Mittelschullehrer als Mitglied für die Prüfung im Engl. und Franz. angehört, und es sind dabei Leute durch meine Hand gegangen, die sich ihre Kenntnisse auf die verschiedenste Weise erworben hatten; wie dies geschehen war, darüber wurde keine Rechenschaft verlangt. Wenn aber Prüflinge vorhanden waren, die mich durch Fertigkeit im Auffassen des im fremden Idiom Geschriebenen ob. in d. Wiedergabe des Deutschen in der fremden Sprache, durch Klarheit u. Sicherheit in Anwendung der grammatischen Regeln u. namentlich durch Deutlichkeit und Korrektheit der Aussprache überraschten, so erhielt ich sehr oft auf die Frage, wie sich der Prüfling seine Kenntnisse erworben hätte, die Antwort „nur durch das Studium der Langenscheidtschen Unterrichtsbriefe." Ich muß nach diesen Erfahrungen den genannten Briefen das günstigste Zeugnis ausstellen, nicht nur wegen der Gründlichkeit der Belehrung, sondern auch weil die Methode es versteht, auf eine außerordentlich anregende Weise den Lerneifer des Schülers zu wecken."

Herr Prof. Dr. Kluge von d. Univ. Jena schreibt an Prof. G. L. unterm 19. Nov. 1891:

„.... Auch in der Darstellung der Aussprache h. d. Verf. viel prakt. Sinn bewährt, u. die Irrwege mod. phonet. Transkriptionsgelüste sind verständiger Weise gemieden."

Nachbildungen.

In Deutschland ist es bis jetzt ca. 20 mal vergeblich versucht worden, die Meth. nachzuahmen. Keine einzige dieser Nachahmungen hatte irgend einen Erfolg; sie dienten alle nur dazu, das Verdienst der Original-Methode Toussaint-L. in das gehörige Licht zu stellen.

Ferner wurde die Meth. T.-L. von fremder Hand für fast alle Kultursprachen bearbeitet.

Die auf Seite 1 genannten Begründer der Methode haben ihre Schöpfung nach d. Grundsatze „wenig, dieses Wenige aber möglichst vollkommen" bis jetzt nur auf Engl., Franz. und Deutsch für Deutsche angewandt.

Probebriefe.

Eine Einsicht in den Probebrief wird jedem, der ohne Vorurteil prüft, darthun, daß diese Briefe d. Selbstunterrichte Vorteile bieten, welche keinem andern Hilfsmittel zur Seite stehen.

☞ Probebriefe à 1 M. (Briefmarken!) portofrei! ☜

B. Deutsch für Deutsche.

Deutsche Sprachbriefe von Prof. Dr. D. Sanders. Ein Kursus in 20 Briefen zu je 16 bis 24 S. Gratis-Beilagen: Geschichte der deutschen Sprache und Litteratur, Wörterb. der Zeitwörter, Register. 660 S., gr. 8°. Nur komplett, in Mappe, 20 M. (Einrichtung ꝛc. wie die d. engl. u. franz. Orig.-Unterrichtsbr.). Einzelne Briefe werden — ausgenommen Brief 1 zur Probe à 1 M. — nicht abgegeben.

Von den im diesseit. Verlags-Katalog abgedruckten Empfehlungen hier nur einige:

„Wer sich 6—9 Monate täglich eine Stunde mit Ausdauer und Gewissenhaftigkeit dem Studium der Deutschen Sprachbriefe widmet, wird als Preis seiner Mühe die Fähigkeit erlangen, die Meisterwerke unserer Litteratur mit größerem Verständnis, daher auch mit größerem Genuß zu lesen und seine eigenen Gedanken in klarer und anregender Form auszudrücken" (Daheim, Leipzig). — „Verfasser setzt außer gutem Willen gar nichts voraus" (Hannoversches Tageblatt, Hannover). — „Ebenso unterhaltend als zugleich belehrend" (Rhein. Kurier, Wiesbaden). — „Ein ganz ausgezeichnetes Werk, das wir namentlich Seminaristen u. Lehrern angelegentlichst empfehlen" (Deutsche Schulzeitung, Berlin).

2. Wörterbücher.

SACHS-VILLATTE, Encyklopädisches Wörterbuch der franz. u. deutschen Sprache von Prof. Dr. C. Sachs u. Prof. Dr. C. Villatte.

Große Ausgabe. Teil I, franz.-deutsch. Von Prof. Dr. Karl Sachs. 1640 S., gr. Lex.-Format. Brosch. 28 M.; in eleg. Halbfranzb. mit Golddruck 32 M.
Teil II, deutsch-franz. Von Dr. Césaire Villatte und Prof. Dr. Karl Sachs. 2160 S., gr. Lex.-Format. Brosch. 38 M.; in eleg. Halbfranzb.-m. Goldbr. 42 M.

Sachs-Villatte's Wörterbuch ist im Vergleich zu ähnlichen Werken durchaus neu und eigentümlich, namentlich in folgenden Punkten:
1. Die Aussprache ist bei jedem Artikel nach dem phonet. System der Meth. T.-L. angegeben; ebenso das Nötige über die schwierige Verbindung der Wörter unter einander.
2. Wissenschaftliche u. technische Wörter sind in einer bisher in derartigen Werken noch nicht erreichten Vollständigkeit erklärt.
3. Vollständigkeit. Sachs-Villatte's Wörterbuch ist das vollständigste aller bis jetzt in Deutschland erschienenen Wörterbücher.
Nicht nur enthält es an einzelnen Artikeln etwa 1/3 mehr als die umfangreichsten seiner Vorgänger, sondern es ersetzt zugleich mehr oder weniger: jedes spez. Fachlexikon; Fremdwörterbuch; Werke über Aussprache, Argot ꝛc.

SACHS-VILLATTE, Hand- und Schulausg. { Teil I, franz.-dtsch., 768 S. / Teil II, dtsch.-franz., 920 S. } Beide Teile i. 1 Bd.: gb. 13,50 M. — Jed. Teil einzeln: gb. 7 M. 25 Pf.

Amtlich empfohlen von den Unterrichtsminist. Frankreichs, Österreichs u. Deutschlands.
Auszug aus dem Großen Sachs-V.'schen Wörterbuch. Ganz nach dem Plane desselben unter möglichster Beibehaltung aller seiner Vorzüge bearbeitet. Berücksichtigt zwar zunächst die Bedürfnisse der Schule, nimmt indessen auch thunlichst auf die Anforderungen des praktischen Lebens bedacht, ohne allerdings die ausführlichere Große Ausgabe ersetzen zu können.

MURET-SANDERS, Encyklopädisches Wörterbuch der engl. u. deutschen Sprache von Prof. Dr. E. Muret und Prof. Dr. D. Sanders.

Nach dem Vorbilde des „Sachs-Villatte" bearbeitet und seit 1891 in Lieferungen à 1 M. 50 Pf. erscheinend. (Besonderer Prospekt hierüber gratis.)

HOPPE, Supplement-Lexikon zu allen englisch-deutschen Wörterbüchern. Von Prof. Dr. A. Hoppe. 2. Auflage. 4 Abteilungen, à 8 M. (Abt. I ist erschienen.)

6 (Langenscheidtsche Verl.-B.) Litteratur-Geschichten ꝛc. ꝛc. (Berlin SW 46.)

Wörterbuch der Hauptschwierigkeiten in der deutschen Sprache. Von Professor Dr. D. Sanders.
Räumt die vielfachen, im Verkehr sich darbietenden sprachlichen Schwierigkeiten dem hinweg, der sich nur die leichte Mühe geben will, im Falle der Verlegenheit nachzuschlagen. 430 S. 8°. 4 M., geb. 4 M. 50 Pf.

Parisismen. Sammlung eigenartiger Pariser Ausdrucksweisen mit deutscher Übersetzung. Von Prof. Dr. C. Villatte. 350 S. fl. 8°. 5 M., geb. 5 M. 60 Pf.

Londinismen. Ein Wörterbuch der Londoner bzw. engl. Volkssprache. Von Direktor H. Baumann. 350 S. fl. 8°. 4 M., geb. 4 M. 60 Pf.

LANGENSCHEIDTS NOT-wörterbücher der franz. und englischen Sprache.

Französisch			Englisch			
Teil I*.	Teil II.	Teil III.	Teil I.*	Teil II.	Teil III*.	Teil IV*.
frz.-dtsch.	dtsch.-frz.	Land u. Leute in Frankreich.	engl.-dtsch.	dtsch.-engl.	Land u. Leute in England.	Land u. Leute in Amerika.

* Mit der Toussaint-Langenscheidtschen Aussprache-Bezeichnung.

Diese Taschen-Wörterbücher bringen, wie ihr Titel andeutet, vom Notwendigen das Notwendigste. Sie sollen als ein überallhin leicht mitzuführendes Buch „aus der Not helfen", — auch Schülern ein größeres Wörterbuch nach Möglichkeit ersetzen.
Die Teile I u. II beschränken sich auf das rein sprachliche Gebiet, Teil III bzw. IV jeder Spr. dagegen bietet für den Aufenthalt in Eng-land bzw. Amerika bzw. Frankreich jene Kenntnis abweichender Sitten u. Gepflogenheiten, die für die richtige Handhabung d. Landessprache notwendig ist. Wer Teil III bzw. IV kennt, soll gewissermaßen schon vor seiner Ankunft einheimisch sein u. manches Lehrgeld, das der Unkundige im fremden Lande zahlt, ersparen. Teil III engl. oder franz. à 3 M., alle übrigen Bändchen à 2 M. (eleg. geb.).

Vocabulaire militaire. Deutsch-französisch. 16 S., gr. Oktav. Preis 1 M.

3. Litteraturgeschichten.

Grundriss der Gesch. d. engl. Spr. u. Litt. Von Prof. Dr. C. van Dalen. 40 S., gr. 8°. 75 Pf.
Coup d'œil sur le développement de la langue et de la littérat. françaises. 16 p., gr. 8°. 75 Pf.

Diese kleinen, besonders für die Prima der Realschulen bestimmten Litter.-Gesch. bringen vom Wichtigen das Wichtigste.

Leitfaden der Geschichte der engl. Litteratur von Stopford A. Brooke, M.A. Deutsch von Dr. A. Matthias.
Autorisierte Ausgabe. 120 S., gr. 8°. 1 M. 50 Pf., geb. 2 M.

Geschichte der deutschen Sprache u. Litteratur von Prof. Dr. D. Sanders. 155 S. 2 M., geb. 2 M. 50 Pf.

4. Vokabularien.

Phraseologie d. franz. Sprache. Nebst Vocabulaire systématique. Von Professor Dr. **Bernhard Schmitz.** 190 S. 2 M., geb. 2 M. 50 Pf.

Phraseologie der engl. Sprache. Nebst System. Vocabulary. Von Dr. **H. Löwe.** Seitenstück zum nebenstehenden Werke. 212 S. gb. 2 M. 50 Pf.

Viele, welche zwar die engl. bzw. franz. Grammatik kennen, auch über einen reichen Wortschatz verfügen, können die fremde Sprache doch nicht sprechen: selbst für die allergewöhnlichsten Dinge fehlt ihnen die übliche, nationale Redewendung. Die Phraseologieen von Schmitz und Löwe kommen diesem Bedürfnisse in einem übersichtlichen Lehrgebäude entgegen.

English Vocabulary. By Charles van Dalen, Dr. — 196 Seiten. 1 Mark 20 Pfennig, kart. 1 Mark 40 Pfennig.

Petit Vocabulaire français. Par G. van Muyden, docteur ès lettres. 1ʳᵉ partie: kart. 1 M. 20 Pf.; 2ᵉ partie: kart. 1 M. 20 Pf.

Bringen, unter Wiederholung des Gegebenen in Gesprächen, die notwendigsten engl. bzw. franz. Vokabeln mit deutscher Übersetzung u. Angabe der Aussprache nach d. Meth. T.-L.

5. Schulgrammatiken. (Nicht für den Selbst-Unterricht.)

Lehrbuch der franz. Sprache für Schulen. Von Toussaint u. Langenscheidt. In 3 Abteilungen: Kursus I: broschiert 1 M. 50 Pf.; Kursus II: broschiert 2 M.; Kursus III: broschiert 3 M.

Den Grundsätzen des Anschauungs-Unterrichtes gemäß unterstützt dieser Lehrgang den Lehrer in dem schwierigen Punkte der Aussprache, indem er durch die Toussaint-L.'sche Lautbezeichnung den vom Lehrer gehörten und eingeübten Laut für den Schüler bildlich fixiert und eine häusliche Vorbereitung auch für die Aussprache ermöglicht.

„Das Prinzip der Toussaint-Langenscheidtschen Aussprache-Bezeichnung ist das einzig wissenschaftliche, die T.-L.'sche Meth. der Aussprache-Bezeichnung die einzige, die ohne Gefahr schulmäßig verwendet werden kann" (Prof. Garrecht, a. Gymnasium zu Wertheim).

Lehrbuch der engl. Sprache für Schulen. Von Professor Dr. A. Hoppe, 352 S. 2 M. 40 Pf., geb. 2 M. 90 Pf.

Lehrbuch der deutschen Sprache für Schulen. Von Prof. Dr. Daniel Sanders. Nach offizieller Schreibweise. 3 Stufen: 1. Stufe, 45 S., kart. 40 Pf.; — 2. Stufe, 100 S., kart. 80 Pf.; — 3. Stufe, 65 S., kart. 50 Pf.

6. Diverse sonstige Hilfsmittel.

The Cricket on the Hearth (*Das Heimchen am Herde*). A Fairy Tale of Home by CHARLES DICKENS. Von Professor Dr. A. Hoppe. 134 S., 8°. 1 M. 20 Pf., geb. 1 M. 70 Pf.

Mosaïque française ou Extraits des prosateurs et des poètes français. A l'usage des Allemands par A. de la Fontaine. 288 S., 8°. 2 M., geb. 2,50 M.

Répertoire dramatique des écoles et des pensionnats de demoiselles, par Mᵐᵉ C. Dræger. 164 S., 16°. 1 M. 50 Pf., geb. 2 M. — Enthält 13 kleine Lustspiele, die sich zur Aufführung in Familienkreisen ꝛc. eignen.

Englisch für Kaufleute. Von Prof. Dr. C. van Dalen. 106 S. gr. 8°. 2 M., geb. 2 M. 50 Pf.

Französisch f. Kaufleute. Von Toussaint und Langenscheidt. 96 S. gr. 8°. 2 M., geb. 2 M. 50 Pf.

Bietet deutschen Kaufleuten, welche die französische bzw. englische Umgangssprache bereits kennen, das zur Beherrschung der fremden Geschäftssprache erforderliche Material.

Schwierige Übungsstücke zum Übersetzen aus dem Deutschen ins Französische. Von A. Weil, Oberlehrer. 8°. 144 S. 2 M., geb. 2 M. 50 Pf.

Schlüssel hierzu: (82 S.) M. 1,50, geb. M. 1,70.

Abriss der deutschen Silbenmessung und Verskunst. Von Prof. Dr. Daniel Sanders. 145 S., gr. Oktavformat. 2 M. 50 Pf., gut gebunden 3 M.

Konjugationsmuster für alle Verba der franz. Sprache, regelm. wie unregelmässige. Von Prof. G. Langenscheidt. Mit Angabe der Aussprache jeder aufgeführten Zeitform und Person. 56 S., gr. 8°. Preis 1 M., geb. 1 M. 40 Pf.

7. Langenscheidtsche Bibliothek sämtlicher griech. u. röm. Klassiker.

Neueste u. anerkannt beste aller ähnl. Übersetz.-Bibl.

Langenscheidtsche Bibliothek sämtlicher griech. und röm. Klassiker in neueren deutsch. Musterübersetzungen. Von den Professoren Dr.Dr. Bähr, Bender, Donner, Gerlach, Kühner, Minckwitz, Prantl, Sommerbrodt, Wahrmund u. 40 and. Meist. deutsch. Übersetzungskunst. Kataloge gratis. Langenscheidt'sche Verl.-Buchh. Berlin.

Für Generationen ein Erb- u. Familien-Schatz. 1166 Lief. à 35 Pfg. od.110 Bde eleg. geb à 3 bis 4 M.

Nie veraltend. Mit wissensch. Erläuterungen.

„Eine gute Übersetzung gut verstehen, frommt uns zehnmal mehr, als unzureichendes Begreifen des Originals."
(A. v. Humboldt.)

„Die alten Klassiker verdienen unsere Verehrung wegen der Gediegenheit ihrer Ideen, wegen der Grazie ihrer Darstellung, wegen ihrer moralischen Weisheit, wegen ihres Sinnes für Lebenseinfachheit und Freundschaft. Sie lehren die echte Philosophie des Lebens; sie sind die Ulmen, an denen, wie in Italien die Weinrebe, die Reben unserer neueren Gelehrsamkeit und Litteratur emporranken." (Lessing.)

(Die vor dem Autor stehende Zahl bedeutet die Nummer der Bände; die hinter demselben die Anzahl der Lieferungen, die der betr. Autor umfaßt. Der Accent (´) bezeichnet die betonte Silbe.)

Griechische Dichter.				Römische Dichter.			Römische Prosaiker.		
1	Äschylos	10	28 Demo'sthenes 12				77	Cä'sar	11
2 {	Äso'p	2	29 Diodo'r 13	62 {	Catu'll	3	78–93	Cicero	160
	Hesio'd	2	30 { Epikte't 2		Hora'z	7		Corn. Ne'pos	3
	Quin'tus	9	Mark Aure'l 5	63	Juvena'lis	10	94 {	Eutro'pius	2
3 {	Anakreon	3	31 { Theophra'st 2	64	Luca'nus	7		Quintilia'n	2
	Theo'gnis	2	Heliodo'r 6		Lucre'tius	6	95	Curtius	9
	Theokri't	6	Herodia'n 5	65 {	Persius	3	96	Justi'nus	12
4	Antholog'e	6	32–33 Herodo't 24		Phä'drus	2	97–101	Li'vius	57
5–8	Aristo'phanes	38	34 { Iso'krates 4	66	Martia'lis	16	102	Pli'nius	9
9–13	Euri'pides	52	Lykurgos 2	67–69	Ovi'd	33	103	Sallu'stius	10
14–15	Home'r	20	Ly'sias 5	70–73	Plau'tus	46	104–5	Se'neca	18
16	Pi'ndar	9	35–36 Lucia'n 21	74 {	Prope'rtius	6	106	Sueto'n	12
17–19	So'phokles	33	37–38 Pausa'nias 21		Sta'tius	6	107–8	Ta'citus	25
			39–42 Pla'to 39		Tibu'llus	3		Velle'jus	3
Griechische Prosaiker.			43–48 Pluta'rch 60	75	Tere'ntius	12	109 {	Vi'ctor	5
			49–51 Poly'bius 29	76	Virgi'lius	10	110	Vitru'vius	10
20–26	Aristo'teles	79	52–55 Stra'bo 34						
27	Arria'n	13	56–57 Thuky'dides 18						
			58–61 Xe'nophon 36						

Bezugsbedingungen d. Langenscheidtschen Klassiker=Bibliothek.[1]

I. Einzelne Bestandteile nach Auswahl.
A. **Broschiert:** 1166 Lieferungen à 35 Pf.
B. **Gebunden:** 110 höchst solide Halbfranzbände[1] mit echter Rückenvergoldung[2] à Bd. 4 M., bei 15 Bänden auf einmal à 3 M. 50 Pf., bei 25 Bänden auf einmal à 3 M., bei 50 Bänden auf einmal à Bd. 3 M. und außerdem 5 Bände unberechnet.

Bei Subskription auf mindestens 40 ausgewählte Bände, wöchentlich ein Band à 4 M., die letzten 10 Bände unberechnet.

II. Bezug der vollständigen Bibliothek.
A. **Bei Subskription:** 110 Halbfranzbände à 3 M., wöchentlich 1 Band, die letzten 5 Bände unberechnet.
B. **Bei Entnahme auf einmal:**
Broschiert, 1166 Lieferungen für 250 M. (statt 408 M. 10 Pf.).
Gebunden, 110 Halbfranzbände für 285 M., (statt 440 M.).

☞ Die eleg. u. solide geb. Band-Ausg. bzw. Teile derselben sehr geeignet als **Geschenk.**

1) Freibleibend und ohne Verbindlichkeit für Unterschiede in der Färbung ꝛc. des Papiers, da die Herstellung der Bibliothek ca. 3 Jahrzehnte erforderte. — 2) Jeder Band den Inhalt von 8—16 Lieferungen umfassend. Probebände in jeder Buchhandlung vorrätig.

Die Meth. T.=L. ist Eigentum der Langenscheidtschen Verl.-Buchh. Sie wurde von ihren Begründern, bes. berufenen Mitarbeitern bis jetzt nur angewandt auf Franz. für Deutsche, Engl. f. Deutsche, Deutsch f. Ditsch. Sämtl. nach dies. Meth. vorhandenen Originalwerke sind im diesseitigen Verl. erschienen und tragen auf ihrem Haupttiteld. nebenstehende Schutzmarke. Zu den, behufs Erregung von Irrtum unter d. unrechtmäßig usurpierten Bezeichn. „Meth. Toussaint-Langenscheidt" oder unter ähnl. Benennung erschien. Nachmungen stehen wir in keiner Beziehg.

# Das altgriechische Theater.

Von

Julius Sommerbrodt.

Mit Abbildungen in Holzschnitt.

Stuttgart.
Krais & Hoffmann.

Vorwort.

Das Gebiet, dem die folgende Schrift angehört, war im Anfange dieses Jahrhunderts wenig bebaut und mehr ein Tummelplatz der dichtenden Phantasie als des forschenden Fleißes.

Genelli's Buch über das Theater (1818) ist ein abschreckendes Beispiel, wie schwer selbst Genialität an der Wissenschaft sich versündigen kann, wenn sie der Kritik entbehrt und ohne festen Grund und Boden in die Luft baut.

G. E. W. Schneider in Weimar (1835) fing an, das spärliche Material zusammenzustellen, und hier und da versuchten darauf Einzelne, es zu sichten und zu sondern.

Aber frisches Leben und anhaltender Eifer erwachte in diesem Zweige der Alterthumswissenschaft erst seit der mächtigen Anregung, die der geistvolle König Friedrich Wilhelm IV. von Preußen durch die im Jahre 1842 in Potsdam veranstaltete Aufführung von Sophokles' Antigone gegeben hatte.

Hat die Kunst aus diesem Ereigniß nicht den Gewinn gezogen, den sie hätte ziehen können und sollen — die Verjüngung der dramatischen Poesie und der Schauspielkunst wird in den wesentlichen Punkten immer auf das antike Theater der Griechen zurückgehen müssen — so ist die Wissenschaft um so dankbarer gewesen.

Sie hat seitdem unermüdlich, wie die Uebersicht der Literatur im Anhange zeigt, den in den Schriftstellern zerstreuten Stoff gesammelt, geordnet und erklärt und Reisende, wie Texier, Spratt, Fellow, Schönborn, in neuester Zeit Strack u. A., haben den Nachrichten der schriftlichen Denkmäler durch ihre Entdeckungen die erforderliche Anschaulichkeit gegeben.

Die vorliegende Schrift will aus dem Schatze der Forschungen wenige sichere Thatsachen den gebildeten Laien zur Orientirung in diesem neuen Felde der Wissenschaften mittheilen. Eine vollständige und erschöpfende Darstellung war nicht beabsichtigt; es sollte nur der Entwicklungsgang des altgriechischen Theaters in kurzen Umrissen gezeichnet und aus jeder Periode wenigstens ein charakteristischer Zug hervorgehoben werden. So ist im ersten Abschnitte der Chortanz, im zweiten die Schauspielkunst, im dritten die Pantomimik in größerer Ausführung behandelt worden. Einzelne Andeutungen des Textes finden außerdem in den nachfolgenden Anmerkungen Erklärung und nähere Begründung.

Was die Auswahl des Stoffes und die Art der Bearbeitung betrifft, so leitete mich der Wunsch, einerseits das Interesse für das antike Theaterwesen in weiteren Kreisen anzuregen, andererseits kundigen Beurtheilern die Ueberzeugung zu gewähren, daß durchgängig das Dargebotene auf gewissenhafter Prüfung beruht.

Posen, den 28. August 1865.

Julius Sommerbrodt.

Das altgriechische Theater.

Der unvergängliche Zauber, der die Werke der griechischen Poesie umfließt, hängt mit dem naturgemäßen Bildungsgange zusammen, dessen sich die Kunst bei den Griechen wie bei keinem andern Volke zu rühmen hatte.

Die drei Hauptgattungen der Poesie: Epos, Lyrik oder Melik und Drama, den Lebensaltern des Menschen: Kindesalter, Jünglingsalter, Mannesalter entsprechend, haben sich bei ihnen in natürlicher Folge mit dem griechischen Volk entwickelt, so daß an die Blüthe des Epos die Anfänge der Lyrik sich anschlossen, aus der Lyrik unmittelbar die dramatische Poesie hervorging. Die Griechen erfreuten sich in dieser Hinsicht eines noch größeren Glückes, als die Deutschen, die ihnen hierin am Nächsten stehen. Auch den Deutschen war es vergönnt, wie Nibelungenlied, Minnegesang und die ihnen gleichzeitigen Dichtungen beweisen, Epos und Lyrik nach einander und aus einander zur Blüthe zu entfalten. Als aber im 14. und 15. Jahrhundert die Anfänge der dramatischen Poesie entstanden, stellten die politischen Verhältnisse des deutschen Reiches hemmend sich ihr entgegen, und noch harrt sie bis auf den heutigen Tag ihrer Vollendung, trotz des Aufschwunges, den sie durch Shakespeares Einfluß im 18. Jahrhundert genommen.

Bei den Griechen war die Entwicklung der Poesie stetig; keine Unterbrechung, kein Sprung; nichts von außen Hineingetragenes, nichts Fremdartiges störte sie, Alles war ureigenthümlich und frisch aus dem Leben und mit dem Leben emporgewachsen.

Das heroische Zeitalter spiegelt sich im Homer; die Zeit der gährenden Entwicklung der Volksstämme in der Lyrik (Melik), deren Höhepunkt Pindar erreicht; die höchste Manneskraft und Herrlichkeit des griechischen, namentlich des athenienfischen Volkes, im Drama, das in weniger als einem Jahrhunderte von den ersten Anfängen bis zur höchsten Vollendung gelangte. Aeschylos, Sophokles, Euripides fallen zusammen mit den Großthaten der Perserkriege und der Machtentfaltung durch Perikles im fünften Jahrhundert. Aeschylos kämpfte in der Schlacht bei Salamis, Sophokles tanzte als Jüngling in dem zur Verherrlichung des Sieges geführten Festreigen, Euripides wurde im gleichen Jahre (480) geboren.

Das Theater, welches für die dramatische Poesie bestimmt war, wurde der Sammelplatz und Brennpunkt des politischen, religiösen und künstlerischen Lebens. Der Gipfel seiner Höhe ist zugleich der Gipfel von Athens politischer Größe, und mit ihrem Fall lösen sich zugleich die Bausteine des Kunsttempels, die in ihrer Vereinigung ein harmonisches Ganzes von unerreichter Anmuth, Würde und Hoheit darboten.

Wie später im Staate Ruhm und Verdienst Einzelner fortwirkt und fortleuchtet, der Staat als solcher mehr und mehr an seinem Glanze verliert und in Trümmer zerfällt, so strahlen in der dramatischen Kunst noch lange Zeit weithin die Sterne der großen Tragiker, aber die schöpferische Kraft des griechischen Volkes ist gelähmt. An die Stelle der erhabenen Werke, deren hohe Schönheit und Vollendung an ihre Einheit gebunden war, tritt das Virtuosenthum einzelner Zweige der Kunst, die, aus der früheren Verbindung gelöst, selbstständig sich geltend zu machen suchen.

Musik, Tanz, Poesie, vorher vereint, erscheinen von nun an vereinzelt. Wie man anfängt Dramen zu schreiben, die nicht mehr aufgeführt, sondern nur gelesen sein wollen, so trat eine dramatische Musik und ein dramatischer Tanz*) für sich auf, und diese Ausläufer der dramatischen Kunst bei den Griechen reichen weit in die römische Zeit hinein und tragen trotz aller Verirrung und Ausartung zur geistigen Befruchtung der Welt noch lange Zeit bei, als Griechenland selbst nur noch eine Stätte schmerzlicher Erinnerung an vergangene Größe war.

Das ist der Rahmen des Bildes, das ich hier aufzurollen beabsichtige, und das sich in natürlicher Weise in drei Felder: Ursprung, Blüthe und Verfall, gliedert.

---

*) Flötenmusik und Pantomimik. S. den dritten Abschnitt.

Erster Abschnitt.

Ursprung des altgriechischen Theaters.

Daß das Theater der Träger der Gesammtbildung Griechenlands werden und bleiben konnte, erklärt sich aus seinem innigen Zusammenhang mit dem religiösen Cultus. Die dramatischen Darstellungen im Theater waren ursprünglich nicht ein Gegenstand müßiger Unterhaltung, sondern sie wurzelten in der Religion und bildeten einen wesentlichen Bestandtheil des Gottesdienstes, der vom Volke selbst zur Bethätigung seines Glaubens veranstaltet wurde. Auf den Dienst des Dionysos, der, von Osten eingewandert, die alten Götter verdrängte, sind die Anfänge des griechischen Theaters zurückzuführen.

Der Dithyrambos, das Festlied, durch welches die großen Thaten und Leiden dieses Gottes verherrlicht wurden, enthält die Keime der tragischen Poesie, wie die ausgelassenen Gesänge festlichen Jubels (die Phallosgesänge), die der Komödie. Der Name Komödie hängt mit diesen muthwilligen Gesängen und Festzügen unmittelbar zusammen, während der der Tragödie auf den schädlichsten Feind des Weinstockes, den Bock (τράγος) hinweiset, der unter Gesang dem Gotte geopfert wurde.

Dionysos aber war nicht sowohl deshalb Gegenstand so hoher Verehrung, weil er den Menschen die Freuden des Weines gespendet, sondern vielmehr, weil er durch den Anbau und die Pflege des Weinstockes, wie Demeter durch den Ackerbau, Cultur und Civilisation auf die Erde und unter die Menschen gebracht hat.

Vier Feste wurden ihm zu Ehren jährlich begangen, die, sämmtlich Weinfeste, an die einzelnen Phasen der Entwicklung des Weinstockes bis zur Vollendung des gottgegebenen Trankes sich anschlossen: das erste die großen oder städtischen Dionysien, das Fest der Rebenblüthe, um die Zeit der Frühlingsnachtgleiche, wo die Macht des Winters gebrochen war und der Segen des neuen Jahres sich vorbereitete; das zweite zur Zeit der Weinlese, die ländlichen Dionysien; drittens das Kelterfest, die Lenäen um die Zeit der Wintersonnenwende, endlich viertens die Anthesterien, etwa im Februar, wo der erste junge Wein vom neuen Fasse getrunken wurde. Alle diese Feste, besonders die Lenäen und die großen Dionysien, waren durch feierliche Aufzüge und Umzüge theils ernsten, theils heiteren Charakters ausgezeichnet.

Im Reigentanz um die rauchenden Altäre des Gottes ziehend, besang man die Thaten des Dionysos, seine Kämpfe, seine Siege. Ein Chorführer begann das Lied, der Chor stimmte ein. Allmählich begnügte man sich nicht mit diesen einfachen Weisen. Die Rede sonderte sich mehr und mehr vom Gesang und gewann an Selbstständigkeit. Aus Rede und Gegenrede des Chorführers und der übrigen Chortänzer (Choreuten) entwickelte sich innerhalb des Chores selbst, der so die Rollen unter seine einzelnen Mitglieder vertheilte, und gewissermaßen ein Drama unter sich spielte, der Dialog, und mit ihm entstanden die ersten Anfänge des Drama's. Doch blieb das lyrische (richtiger das melische) Element und die orchestische Darstellung, d. i. die Darstellung durch den Tanz, überwiegend.

Thespis führte endlich um das Jahr 500 v. Chr. einen nicht zum Chore gehörenden besonderen Schauspieler ein, und damit war die Entwicklung des Drama's als einer besonderen Dichtgattung entschieden. Zwischen dem Schauspieler und dem Chorführer wechselte nun die Rede, der Chor fiel seltener mit seinen Gesängen ein.

Und mit diesem Schritte wurde zugleich in Bezug auf die Wahl des Stoffes eine freiere Bahn geöffnet. Die Gegenstände des Gesanges und der Darstellung wurden mannigfaltiger. Man beschränkte sich nicht mehr auf Dionysos und seine Verherrlichung, man feierte, zuerst zum Verdruß und nicht ohne Widerstreben der Festgenossen, auch andere Gottheiten und Heroen. Mit besonderer Vorliebe behandelte man den trojanischen und thebanischen Sagenkreis und zog zuletzt auch die Geschichte der Gegenwart, wie Phrynichos in seiner „Einnahme von Milet", Aeschylos in den Persern, in den Kreis der Darstellung. Nur das Satyrdrama (so genannt von den Satyrn, den Begleitern des Dionysos, welche den Chor ausmachten), das sich jetzt von der eigentlichen Tragödie abtrennte, und als selbstständiges Festspiel auftrat, erhielt die alten Beziehungen zu Dionysos im Chor aufrecht.

Zwischen Thespis und Aeschylos, mit welchem die Blüthezeit der dramatischen Poesie anhebt, fallen die Namen Pratinas, Chörilos, von dem vorzugsweise Satyrspiele erwähnt werden, und Phrynichos, mit welchem die Tragödie unter Anerkennung und Gewähr von Seiten des Staates Gegenstand des öffentlichen Wettstreites wurde. Es ist die Zeit, wo die Tragödie, — von der wir hier, als der vollendetsten Form des Drama's, vorzugsweise sprechen — sich fester zu gestalten begann, wenn auch Gesang und Tanz noch mehr oder weniger die Handlung überflutheten, so daß die in dieser Periode gedichteten Dramen mit Recht lyrische Tragödien genannt werden können, ohne daß darin eine bestimmt abgegrenzte, Griechenland eigenthümliche Gattung gesucht werden darf.

Hand in Hand mit der Entwicklung der dramatischen Poesie ging die allmälige Gestaltung und Gliederung des für die Darstellung derselben erforderlichen Festlokals, das unter dem Namen Theater bekannt ist, wenngleich dieser Name an sich (von θεᾶσθαι) einerseits nur die Bezeichnung eines einzelnen Theiles des Festlokales enthält, des der zuschauenden Festtheilnehmer, andererseits nicht die Beziehung auf den Gegenstand ausdrückt, welcher anfangs ausschließlich in diesen Räumen dargestellt wurde, die dramatischen Festspiele.

Das Theater in seiner vollkommen ausgebildeten Gestalt besteht aus drei Theilen, die erst nach und nach von einander sich absonderten. Ursprünglich war bei den Reigentänzen und Gesängen zu Ehren des Dionysos die gesammte, aus dem ganzen Volke bestehende Festgemeinschaft, zugleich schauend, tanzend und singend betheiligt, etwa wie heut zu Tage bei kirchlichen Prozessionen, nur daß bei diesen der Tanz fehlt.

Wo die versammelte Gemeinde ihren festlichen Umzug hielt, da sang und tanzte sie. Erst als die Menge des Volkes immer mehr zunahm, sonderten sich in natürlicher Weise von der großen Masse die geübteren Sänger und Tänzer aus, so daß die Einen gewissermaßen im Namen und als Vertreter des Volkes den Festreigen führten, die Anderen zuschauten, zuhörten; dann und wann wohl auch noch in den Chorgesang mit einstimmten.

Allmählich schied sich so das Theater im engeren Sinne, das heißt der Raum der schauenden Festgenossen, von dem Raum, auf welchem der Chor seine Reigentänze und Gesänge um den Altar des Gottes aufführte.

Der Mittelpunkt der ganzen Festfeier, der Altar des Gottes, dem geopfert wurde, Thymele, wurde somit der Mittelpunkt des Festraums. Der Platz um diesen Altar, auf welchem der Chor sich befand, ist die Orchestra (Tanzplatz).

Unser heutiges Orchester hat im Theater denselben Platz, wenn auch freilich einen beschränkteren Raum, zwischen den Zuschauern und der Bühne, aber die ursprüngliche Bedeutung ist uns völlig verloren gegangen, indem die Instrumentalisten, welche diesen Platz jetzt einnehmen, nichts mit dem Reigentanz und dem Gesange gemein haben, der vom Chor an der Stelle aufgeführt wurde.

An die Orchestra schloß sich die Schaar der Zuschauer im eigentlichen Theater (θέατρον). So lange also lyrische Chöre Dionysos verherrlichten, und die Anfänge des Drama's innerhalb des Chorführers und der Choreuten sich hielten, gab es mithin nur zwei Abtheilungen: Theater und Orchestra.

Die dritte wurde erst dann nöthig, als ein besonderer Schauspieler aufkam, der nicht zum Chore gehörte. Vertraten die Choreuten noch immer die Festgenossen und schmolzen deshalb räumlich mit ihnen zusammen, so mußte sich der Platz für dies neue Element des Festspieles mehr als der Chor von den Zuschauern entfernen. Während der Chor die Mitte behielt, nahm der Schauspieler, um von Allen gleichmäßig gesehen werden zu können, einen den Zuschauern gegenüberliegenden erhöhten Raum ein. Aber insofern das, was auf der Bühne vorging, in unmittelbarem Zusammenhang mit den Tänzen und Gesängen des Chores stand und einen wesentlichen Theil der Festfeier bildete, dachte man nicht daran, Bühne und Orchestra, wie es heute der Fall ist, durch einen Vorhang zu trennen, weil man so die Gemeinsamkeit der Festfeier, die Zusammengehörigkeit der Schauspieler, des Chors und der Zuschauer aufgehoben haben würde, die doch alle zu einer gottesdienstlichen Handlung verbunden waren. Ein Vorhang hat im griechischen Theater nie stattgefunden und konnte es auch nicht. Erst im römischen Theater war dies der Fall, wo die Orchestra eine andere Bestimmung erhielt, indem sie zu Sitzplätzen für die angesehensten Zuschauer benutzt wurde, und die dramatischen Aufführungen nicht mehr, wie bei den Griechen, vom Volk ausgingen und einen Theil des Cultus ausmachten, sondern wie bei uns außer allem Zusammenhang mit der Religion nur zur Unterhaltung der schauenden Menge dienten.

Diese für den Schauspieler bestimmte Bühne hieß Skene (σκηνή, scena). Während nämlich, so lange die Anfänge des Dialogs auf den Chor sich beschränkten, der Opfertisch neben dem Altar, auf welchem das Opferfleisch zerlegt zu werden pflegte, von dem Chorführer, der den Chorgesang durch seine Einzelrede unterbrach, benutzt wurde, um eine aus der übrigen Menge des Chors hervorragende Stelle zu gewinnen, wurde später anstatt dieses Tisches eine besondere erhöhte Bühne gezimmert, und dem Schauspieler zum Aufenthalt ein Zelt, — das bedeutet das griechische Wort σκηνή, — angewiesen, aus welchem er nach den nöthigen Vorbereitungen, Umkleidungen und Vermummungen hervortrat.

Uebrigens gab es auch, nachdem diese Dreitheilung vollzogen war, in der ersten Periode des Theaterwesens, selbst in Attika, kein festes, stehendes Gebäude, sondern es wurden nur zu vorübergehendem Gebrauch im Freien Gerüste, theils für die Schauspieler, theils für die Schauenden aufgeschlagen. Mancher sah wohl von einem benachbarten Baume zu. Die Tanzbühne, in der Mitte, die Orchestra, bildete ein ebener, nur mit Sand bestreuter Raum (Konistra), und dessen Mitte der Opferaltar mit dem Opfertisch.

Das waren die rohen Anfänge der Gebäude, die in ihrer späteren Entfaltung und architektonischen Gliederung zu hoher Vollendung gelangten und, nach den uns gebliebenen Resten zu urtheilen, ebenso wie nach den Mittheilungen der alten Schriftsteller, durch die glückliche Wahl der landschaftlichen Umgebung, die Größe des Umfangs, den Schmuck der Malerei und Bildhauerei, den würdigsten und anmuthigsten Denkmälern sich anreihen, welche die Baukunst in alten und neuen Zeiten geschaffen hat.

Eben so einfach, schmuck- und kunstlos waren die ersten Anfänge der Darstellung. Dionysos' Lieblingsbegleitung sind die Satyrn. Daher nahmen auch die Festgenossen ihrem Gott zu Liebe eine ihrer Erscheinung ähnliche Vermummung an. Mit einem leichten Schurze bekleidet, das Gesicht mit Hefe bestrichen, das Haupt mit Eppich umwunden, die Wangen mit Blättern bedeckt — das war die älteste Tracht, in der die Festspiele des Bacchus gefeiert wurden. Die Stelle der Hefe vertraten später andere Färbmittel, wie Bleiweiß, Hahnenfuß und Portulak; anstatt der die Wangen bedeckenden Blätter bediente man sich leinener Schleier, welche den unteren Theil des Gesichts verhüllten, bis endlich, nachdem ein besonderer Schauspieler erfunden war, die Maske in Gebrauch kam, zuerst aus leinenem Stoffe, dann aus Rinde oder Holz. Die Choreuten, die Mitglieder des Chores, blieben ohne Larve.

In den Gesangs- und Tanzweisen, die in dieser ersten Periode noch vorwalten, wurden die Choreuten von den Dichtern selbst unterwiesen.

Der altgriechische Tanz ist von dem modernen Tanze, namentlich dem deutschen Rundtanze, wesentlich verschieden. Von Anfang an fast stets mit Gesang verbunden, war er vorzugsweise nachahmender Art, so daß er das bildlich auszudrücken suchte, was im Liede vorgetragen wurde. Wie einzelne Namen von Volkstänzen darauf hinweisen, so bezeugen es uns die schriftlichen Nachrichten des Alterthums. Plato spricht sich über den Ursprung dahin aus, daß die

Nachahmung des Wortes durch Bewegungen und Stellungen des Körpers die Tanzkunst hervorgerufen habe; Aristoteles äußert sich noch bestimmter, daß die Tänzer durch ihre Figuren nicht nur Handlungen nachahmen, sondern auch Charakter und Stimmung, Ethos und Pathos der handelnden Personen, und damit in Uebereinstimmung werden in einem andern Zeugniß der Alten die Tanzfiguren Zeichen, Abbilder des gesungenen Liedes genannt.

Wie der Charakter des Liedes von der Einförmigkeit oder Mannigfaltigkeit, Langsamkeit oder Schnelligkeit in der Bewegung der Versfüße abhängt, so wird der Charakter jedes Tanzes durch die Beschaffenheit der Tanzschritte ($\varphi o \varrho \dot{\alpha}$, pas) bestimmt. Auf ihrer Verschiedenheit beruht die Verschiedenheit der Hauptgattungen des dramatischen Tanzes, das maßvolle Wesen des der Tragödie eigenthümlichen Tanzes, der Emmeleia, die Ausgelassenheit und Ueppigkeit des Kordax der Komödie, die Keckheit und der Muthwille der Sikinnis im Satyrdrama.

Durch künstliche Wendungen und Verschlingungen gestalten sich diese Tanzschritte zu Tanzfiguren ($\sigma\chi\dot{\eta}\mu\alpha\tau\alpha$), in denen der Inhalt des Gesanges dem Auge mehr oder weniger anschaulich entgegentritt. Der vollkommenste Grad der Darstellung besteht darin, daß Wort und Bild sich gewissermaßen decken, das heißt, daß Wort für Wort und Bild für Bild einander entsprechen, daß der Tänzer den Inhalt des Liedes zeigt ($\delta\epsilon\tilde{\iota}\xi\iota\varsigma$), und der Zuschauer zugleich sieht, was er hört. Ein seltenes Büchlein des Neapolitaners de Jorio, das eine Deutung einzelner Gestikulationen durch Vergleichung neapolitanischer Geberden enthält, ist vielleicht am geeignetsten, in das Verständniß dieser geheimen Bildersprache einzuführen.

Ehe das dramatische Element durch die Schauspieler zur Geltung gebracht wurde, beruhte die Darstellung der im Liede besungenen Handlungen und Gefühle ausschließlich im Chortanze. Die Dichter schrieben nicht nur den Text, sondern auch die Melodie, und zeichneten zugleich die Tanzbewegungen vor, welche sie begleiten sollten, sie tanzten auch selbst im Chore.

Phrynichos wird nicht nur wegen seiner Melodien gerühmt, er erfand auch, wie es heißt, so viele Tanzbewegungen und Figuren, als die winterliche Nacht auf dem Meere Wellen emporhebt. Auch Thespis, Pratinas und Karkinos werden als Tänzer und Tanzlehrer erwähnt. Besonders Pratinas zeichnete sich in der durch ihren mimischen Charakter für die dramatische Darstellung vornehmlich geeigneten hyporchematischen Tanzweise aus. Ein Hyporchem ist ursprünglich ein Gesang, der von den Sängern selbst mit Tanz begleitet vorgetragen wird, so daß also jeder Chorgesang als solcher, insofern er mit Tanz verbunden war, ein Hyporchem genannt werden kann. Außer dieser allgemeinen Bedeutung hat es jedoch auch noch eine spezielle, indem es einen, namentlich in Kreta ausgebildeten, vorzugsweise lebendig mimischen Tanz bezeichnet, der später in tragischen Chören nur vereinzelt bei sehr erregter Gemüthsstimmung sich findet, während er dem Satyrdrama und zum Theil wohl auch den ausgelassenen Chören der Komödie verblieb. Diese letztere Art von Hyporchem ist es, in deren Ausbildung Pratinas eine Meisterschaft erworben hat.

Das Instrument, von welchem der Chorgesang begleitet wurde, war die dem Gott Dionysos eigenthümliche Flöte (αὐλός), die aber, verschieden von dem Instrumente, das wir heut zu Tage so nennen, nicht von der Seite, sondern nach Art unserer Klarinette durch ein Mundstück geblasen wurde. Gewöhnlicher noch, als die einfache Flöte, war die Doppelflöte, die theils aus zwei vollständigen, unter einander verbundenen Flöten mit zwei Mundstücken bestand, theils aus zwei Röhren, die in ein Mundstück ausgingen. Die eine Art Doppelflöten bestand aus gleich langen Röhren, die andere aus ungleichen; nicht alle Röhren waren gerade, manche waren am untern Ende hornartig gekrümmt. Vervielfältigung der Töne und Tonarten durch pflockartige Wirbel trat erst in späteren Jahrhunderten ein. Da aber das beim Flötenspiel unvermeidliche Aufblasen der Backen das Schönheitsgefühl der Griechen verletzte, so pflegte der Flötenbläser eine Binde um das Untergesicht zu tragen, wie wir sie auf vielen Denkmälern abgebildet finden.

Anfänglich war die Flöte dem Gesange durchaus untergeordnet, und nur ein einziger Flötenbläser begleitete den Chor, später fing sie an, selbstständiger aufzutreten und den Gesang zu übertönen, so daß schon Pratinas, wie ein schönes Hyporchem zeigt, von dem uns ein Bruchstück bei Athenäus erhalten ist, sie in ihre Schranken weisen mußte.

Die Zahl der Chorpersonen, in den dithyrambischen Chören fünfzig, betrug von der Zeit an, wo die Tragödie feste Ausbildung gewonnen, in jedem Stücke fünfzehn. Sie waren nicht mehr im Kreise, wie in den Chören des Dithyrambos, aufgestellt, die deshalb kyklisch genannt werden, sondern im Viereck, und hielten in drei Reihen von je fünf (κατὰ στοίχους), oder fünf Reihen von je drei (κατὰ ζυγά) ihren Einzug in die Orcheſtra, ſo daß die linke Breitſeite den Zuſchauern zunächſt ſich aufſtellte. Stellung und Be‑ wegung des Chores in der Orcheſtra war durch Punkte und Linien (γραμμαί) geregelt, von denen der Chor aus‑ ging, und auf die er zurückkehrte. Der Führer des ganzen Chores hieß Koryphaios; außer ihm gab es vier Reihen‑ (Zug‑) führer, ſo daß jede der fünf Reihen ihren Vormann hatte, welche auf der linken Seite des ganzen Zuges in die Orcheſtra einſchritten, und ſo nicht nur beim Einzuge dem Zuſchauer zuerſt ſichtbar wurden, ſondern auch bei der Aufſtellung in der Orcheſtra am meiſten ſichtbar blieben. Der Koryphaios hatte ſeinen Platz in der Mitte dieſer, den Zuſchauern zugekehrten Reihe. Die ſchlech‑ teſten Tänzer ſtanden in der mittleren Reihe.

Strophe und Antiſtrophe haben ihren Namen von den Wendungen des Chores in dem bald nach rechts, bald nach links ſich bewegenden Tanze. Manchmal war der Chor in Halbchöre getheilt, in beſonderen Fällen, wie im Ajas des Sophokles, wo die Choreuten eifrig ſuchend hier und da in Angſt und Beſorgniß nach Ajas ſpähen, traten ſie einzeln nach einander (σποράδην) auf.

Das beim Einzug geſungene Lied hieß, wie der Einzug ſelbſt, Parodos. Die Geſänge die der Chor vortrug, nach‑ dem er ſeinen feſten Platz in der Orcheſtra eingenommen hatte, hießen Staſima, der am Schluß der Tragödie, wenn er die Orcheſtra verließ, Exodos.

Nur ſelten entfernte ſich der Chor von der Orcheſtra, um ſpäter noch einmal wieder aufzutreten (Epiparodos); noch weniger oft kommt es vor, daß der Chor ſeinen Stand‑

ort wechselte, um die Bühne selbst zu betreten. Es geschah dies nur dann, wenn er sich nicht auf die Betrachtung des Geschehenden, auf den Ausdruck der Theilnahme in Schmerz und Freude, auf Urtheil und Rath beschränkte — das war mehr und mehr seit der Einführung der Schauspieler seine Aufgabe geworden — sondern in alter Weise selbst handelnd eingriff, wie in den Eumeniden des Aeschylos.

Hin und wieder fand auch ein Wechselgesang des Schauspielers und des Chores statt.

Es war vorhin (S. 7) beiläufig erwähnt worden, daß unter Phrynichos die Tragödie vom Staat anerkannt und durch ihn zum Gegenstande des öffentlichen Wettkampfes gemacht wurde. Je mehr dieser Punkt von unseren Verhältnissen abweicht, desto nothwendiger ist es, mit einigen Worten auseinander zu setzen, worin die Betheiligung des Staates und der einzelnen Staatsbürger bestanden habe. Der Staat von Athen half den finanziellen Bedürfnissen nicht nur durch Besteuerung seiner Angehörigen ab, sondern auch durch manche Leistungen, die er von ihnen forderte, durch welche ihm zwar nicht Einnahmen zugeführt, wohl aber Ausgaben erspart wurden. Diese Leistungen für das Gemeinwohl heißen Liturgien. Bei uns kommt das Wort nur noch im kirchlichen Sinne vor und bezeichnet eine Leistung für oder von der Gemeinde, den Laien, beim Gottesdienste. Sie sind theils regelmäßig wiederkehrende enkyklische, theils außerordentliche zu Kriegszeiten. Die Verbindlichkeit zu einer Liturgie hing von dem Vermögen ab. Erst von drei Talenten, d. i. einem Vermögen von etwa 4500 Thalern an, konnte man in Anspruch genommen werden. Den Leistenden ernennt der Stamm, welcher mit dem Einzelnen den Siegesruhm theilt. Glaubte ein zur Leistung herangezogener Bürger, daß ihm ein Unrecht damit geschehe, daß ein Anderer wohlhabender und deshalb geeigneter wäre, so stand ihm das Rechtsmittel des Vermögenstausches frei, und damit keiner übermäßig belastet würde, war gesetzlich bestimmt, daß Niemand zu mehr als einer Liturgie gleichzeitig, daß Jeder nur ein Jahr um das andere zu einer Liturgie verpflichtet sein sollte. Zu den regelmäßigen (enkyklischen) Liturgien gehörte nun auch die Choregie, welche die Aufstellung und Ausrüstung des Chores in der Tragödie, der Komödie und dem Satyrdrama, oder die der kyklischen Chöre von Männern oder Knaben, der Pyrrhichisten, Flötenspieler u. A. erforderte. Für den Chor der Drama's hatte der Liturg das nothwendige Personal zusammenzubringen und zu bezahlen, die Choreuten unterrichten und einüben zu lassen, und sie während dieser Zeit zu beköstigen. Auch für den zur Aufführung gehörigen Schmuck sorgten sie, der um so gediegener sein mußte, als er nicht bei dem täuschenden Glanze der Lampen, sondern im hellen Sonnenscheine dem Auge der Zuschauer sich zeigte. Denn die Theatervorstellungen fanden nicht, wie bei uns, des Abends und in verdeckten Räumen, sondern vom frühen Morgen an und unter freiem Himmel statt.

Da mit allen diesen Geschäften nicht nur Mühe und Arbeit, sondern auch beträchtliche Kosten verbunden waren, so ist es nicht zu verwundern, daß mit zunehmendem Vermögensverfalle die Mittel zu einer würdigen Ausstattung der Tragödie mehr und mehr gebrachen, so daß der Staatsschatz mit eintreten mußte, und daß in der Komödie, die vom

Staate stets mehr als Stiefkind behandelt wurde, der
Chor schon gegen das Ende des peloponnesischen Krieges
ganz wegfiel.

Auch die Zulassung der Dichter zur Aufführung eines
Stückes hing vom Staate ab. Jeder Dichter hatte sich
beim Archon, für die großen Dionysien beim Archon-Eponymos, für die Lenäen beim Archon-Basileus zu melden, in
dessen Hand es lag, ob er ihm einen Chor bewilligen und
dadurch die Erlaubniß zur Aufführung geben wollte.

Ebenso erfolgte die Zusprechung des Preises sowohl
für den Choregen, als für den Dichter, durch fünf vom
Staat eingesetzte Richter. Und als später in Athen ein
festes, stehendes Theater erbaut wurde und dem Theaterpächter
ein Eintrittsgeld entrichtet werden mußte, traf Perikles, —
um das, obgleich es erst der folgenden Periode angehört,
hier mit einzureihen, — die Einrichtung, daß das Eintrittsgeld,
das Theorikon, den Armen aus öffentlicher Kasse gezahlt
wurde; womit er einerseits billige und fromme Rücksicht auf
den Ursprung der skenischen Spiele an den Tag legte, die,
aus gemeinsamer religiöser Feier hervorgegangen, nicht ein
Vorrecht der Begüterten werden sollten, anderseits zu erkennen gab, wie er im Sinne des Aristophanes das Theater
als eine höhere Bildungsanstalt des Staates betrachtete,
deren Wohlthat er keinem, selbst nicht dem geringsten Bürger, entziehen zu dürfen glaubte. Auch noch nach dem Tode
der drei größten Tragiker, Aeschylos, Sophokles, Euripides,
zeigte sich die Fürsorge für das Theater von Seiten des
Staates dadurch, daß er in richtiger Würdigung seiner Bedeutung die Originale ihrer Meisterwerke in Verwahrung
nahm, jeden Schauspieler, ehe er in einem ihrer Stücke auf-

trat, zur Vergleichung verpflichtete, sie so vor willkürlichen Abänderungen und Entstellungen sicherte, und in ihrer unverfälschten Reinheit erhielt.

Fragen wir noch nach der Verbreitung, welche das griechische Theater in dieser ersten Periode gefunden, die bis in die Zeit der Perserkriege, bis etwa 480 v. Chr., reicht, so ist kein Zweifel, daß, wie die Anfänge des Drama's in Athen aus dem vom Isthmus dahin übertragenen und dort als Festschmuck der Dionysien aufgenommenen Dithyrambos hervorgegangen sind, so auch die fernere Entwickelung bis zur höchsten Vollendung das Verdienst der Athener ist. Wenn daher in der zweiten Periode, der Blüthezeit, vom griechischen Theater die Rede ist, so haben wir ausschließlich an das in Athen zu denken, von wo aus es erst später, nachdem es seine höchste Ausbildung erlangt, seinen civilisirenden Rundgang durch die ganze griechische, und später durch die ganze römische Welt angetreten hat.

Zweiter Abschnitt.

Die Blüthezeit des altgriechischen Theaters.

Wenn gleich die Aufführung der Tragödien nach wie vor im fünften Jahrhundert v. Chr., in der Zeit der höchsten Blüthe, mit der Feier des Dionysosfestes verknüpft blieb, so begannen doch die Festspiele mehr und mehr aus dem Dienste der Religion sich frei zu machen.

Die Veränderung, die damit zusammenhing, betraf namentlich den Chor, der früher der Träger des göttlichen Cultus, nun, nachdem der Stoff auch aus andern Gebieten, als aus dem Sagenkreise des Dionysos entnommen wurde, mehr zur Seite trat und nur selten unmittelbar in die Handlung eingreifend, wie in den Eumeniden des Aeschylos, in der Regel nur rathend, billigend, tadelnd die Handlung mit seinem Gesang und mit seinem Tanze begleitete. Die Hauptrolle fiel nicht mehr ihm, sondern den Schauspielern zu, deren Zahl Aeschylos von 1 auf 2, Sophokles auf 3 erhöhte. Und damit war die Zahl der Schauspieler für alle Zeiten der Tragödie abgeschlossen, so daß nur ausnahmsweise und in seltenen Fällen ein vierter bewilligt wurde, abgesehen von den stummen Personen, die als Statisten im Gefolge erschienen.

In der That war auch damit dem Bedürfniß des Drama's völlig Genüge geleistet. Der Hauptschauspieler (πρωταγωνιστής) tritt durch den Kampf mit dem zweiten Schauspieler (δευτεραγωνιστής), der die Folie des ersten bildet, in Charakter, Handlung und Leiden hervor, während der dritte Schauspieler (τριταγωνιστής) theils hemmend, theils fördernd den Conflikt der beiden Hauptpersonen veranlaßt und so die Katastrophe, die Entscheidung des Stückes herbeiführt.

Waren aber in einer Tragödie mehr Rollen als Schauspieler, so fielen die kleineren meistens dem Tritagonisten, dem dritten Schauspieler zu, wenn auch hie und da wohl auch der zweite Schauspieler, der Deuteragonist, eine Rolle mit übernehmen mochte.

Noch in anderer Weise vollendete Aeschylos die Tragödie als Kunstwerk, während er einigermaßen noch das alte Band mit dem religiösen Cultus beibehielt. Indem er größere zusammenhängende Ganze aus den Mythenkreisen wählte und die Hauptmomente der einzelnen Mythen in ihrer allmählichen Entfaltung zur Darstellung zu bringen suchte, gliederte er sie in drei Theile, die zusammengehörig doch zugleich selbständig waren. Diese drei in sich abgeschlossenen und doch untereinander zusammenhängenden Tragödien machten zusammen eine Trilogie aus, wie uns deren eine in Aeschylos' Agamemnon, Choëphoren und Eumeniden erhalten ist. Das vierte Stück, durch welches das Ganze zu einer Tetralogie wurde, war ein Satyrdrama, das heißt ein Drama heiteren Inhalts, in welchem der Chor von den Satyrn, den Begleitern des Dionysos, gebildet und somit dem Zuschauer eine erwünschte Erholung nach der austrengenden Spannung der Tragödien geboten, andererseits die Erinnerung an den Ursprung der Festspiele erhalten wurde. Mit dergleichen Tetralogieen traten die wettkämpfenden Dichter auf, bis Sophokles zuerst, und nach ihm Euripides, nur einzelne Tragödien auf die Bühne brachte, und so, da der Inhalt derselben schon lange nicht mehr auf den Sagenkreis des Dionysos beschränkt war, die innere Verbindung mit dem Festgottesdienste ganz auflöste.

Eine Aufzählung und Beurtheilung von den einzelnen Werken der drei großen Tragiker Aeschylos, Sophokles, Euripides, ist hier nicht am Ort. Ebenso kann nur im Vorübergehen die zweite Hauptform des Drama's, die Komödie, erwähnt werden, welche, aus den phallischen Gesängen zu Ehren des Dionysos hervorgegangen, in der Mitte des fünften Jahrhunderts zu einer selbstständigen Kunstgattung sich ausbildete und durch Aristophanes die höchste Vollendung erreichte, vom Staate aber nie die Begünstigung erfahren hat, welche der Tragödie zu Theil wurde.

Eine Geschichte des Theaters, wohl zu unterscheiden von einer Geschichte des Drama's, hat es vorzugsweise mit dem Theater selbst und mit der Art zu thun, wie das im Theater Aufgeführte zur Darstellung kam. In beiden Beziehungen hat Aeschylos sich die bedeutendsten Verdienste erworben.

Die Sage knüpft den Bau eines festen Theaters an den Einsturz des Brettergerüstes, welcher bei Gelegenheit von Darstellungen des Aeschylos, Chörilos und Pratinas stattgefunden haben soll. Wie es sich damit auch verhalten mag, so viel ist gewiß, daß der Aufschwung der

Tragödie unter Aeschylos in der Zeit der großartigsten Erhebung des Volkes den Athenäern es als eine Ehrenpflicht hat erscheinen lassen, einen würdigen Steinbau für diese Aufführungen an der Stelle der zeitweise gezimmerten gebrechlichen Theater zu setzen.

So entstand dasselbe Gebäude an der Südseite der Burg, das jetzt nach mehr als 2000 Jahren ein glücklicher Fund unseres Landsmannes, des Hrn. Prof. Strack in Berlin, vor kurzer Zeit wieder entdeckt hat. Mit welcher Liebe die Athenienser an ihm gearbeitet, wie alle Künste zur Verherrlichung desselben haben beitragen müssen, das sieht man aus der Nachricht, daß es erst im darauf folgenden Jahrhundert unter Lykurgos vollendet wurde, wodurch zugleich mittelbar bezeugt wird, daß, so lange das Theater und das Volk in Blüthe stand, an seiner Verschönerung unaufhörlich gearbeitet worden ist.

Die Beschaffenheit dieses Theaters, das allen andern zum Muster gedient hat, haben wir nun näher in's Auge zu fassen. Schon im vorhergehenden Abschnitt ist erwähnt worden, wie allmählich drei Theile sich gebildet und gesondert haben:

1. der **Zuschauerraum**, oder das **Theater** im engern Sinne,
2. die **Orchestra**, der Tanzplatz des Chores,
3. die **Skene**, die Bühne des Schauspielers.

Wir betrachten zunächst den Theil, der mit der Ausbildung des Drama's der wichtigste wurde, die **Skene**, die den Schauspielern angehörte, und nur in den seltenen Fällen auch vom Chor benutzt wurde, wo derselbe, wie in den Eumeniden des Aeschylos, die selbstständige Rolle eines

Schauspielers vertrat. Wenn aber auch der Chor bisweilen auf der Bühne auftrat, so steht es doch andererseits fest, daß der Schauspieler nie auf der Orchestra erschien, die dem Chore gehörte.

Bei der Beschreibung der Bühne sind wir ausschließlich auf die vereinzelten Notizen der alten Schriftsteller angewiesen, da unter den Bautrümmern der Theater bisher nur geringe Ueberreste der Skene sich vorgefunden haben.

An die Stelle des Zeltes, aus welchem der Schauspieler hervortrat, und welches der Skene ihren Namen gegeben hat, trat ein festes Bühnengebäude — in den meisten Theatern mit fünf gegen die Bühne gerichteten Thüren — welches durch eine Decoration verkleidet wurde, die ebenso, wie das Gebäude selbst, den Namen Skene erhielt, so daß man von einer **tragischen, komischen, satyrischen** Skene spricht, je nachdem die Decoration zu einer dieser drei Arten des Drama gehört. Später wurde das Wort Skene nicht selten auf den Vorplatz vor der Bühnendekoration übertragen, auf welchem der Schauspieler auftrat, der genauer Proskenion (proscenium), Vorplatz vor dem Bühnengebäude oder Sprechplatz (λογεῖον) hieß.

Die Decoration des Bühnengebäudes richtete sich natürlich nach dem Gegenstand der Darstellung und zeigte, da anders, als wie bei uns, **die Handlung in der Regel nicht im Innern des Hauses, sondern auf offener Straße** stattfand, in der Tragödie gewöhnlich einen Palast (rechts die Fremdenwohnung, links das Sklavenhaus), in der Komödie ein bürgerliches Wohnhaus, im Satyrdrama einen Wald oder eine Höhle.

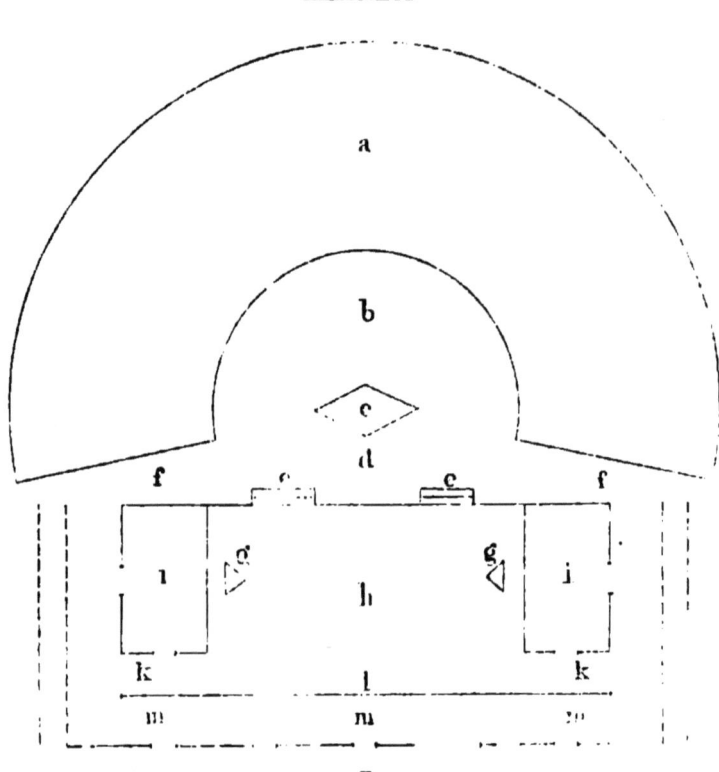

a Zuschauerraum.
b Konistra.
c Thymele.
d Orchestra für den dramatischen Chor.
e e Treppen aus der Orchestra auf das Proskenion.
f f Zugang (Parodos) zur Orchestra.
g g Dreiseitige drehbare Maschine zur Darstellung der Seitendecoration (Periakten).
h Proskenion oder Logeion.
i i Paraskenion, d. i. Raum neben der Bühne.
k k Zugang (Parodos) zur Bühne.
l Hauptdecorationswand.
m m m Raum zwischen der Hauptdecorationswand und dem festen Bühnengebäude.
n Festes Bühnengebäude.

Diese Decorationswand, wohl zu unterscheiden von der Wand des festen Bühengebäudes, enthielt drei Thüren, aus welchen die Schauspieler hervortraten, die in dem Innern des Palastes oder Hauses ihren Aufenthalt hatten. Wer anderswoher auftrat, bediente sich der Eingänge zur Seite der Bühnenwand, und zwar der aus der nähern Umgebung auftretende des linken, der aus der Ferne ankommende des rechten Einganges. Sollte in einzelnen Fällen das im Innern des Hauses Vorgefallene sichtbar werden, so wurde die Decorationswand auseinander gezogen (scena ductilis) und auf einer auf Rollen gestellten und zum Schieben eingerichteten Maschine (ἐκκύκλημα), gewissermaßen einer kleinen erhöhten Bühne, das Innere im Inneren gezeigt, nicht aber auf die Bühne selbst hinausgeschoben. So wird im Agamemnon des Aeschylos der Leichnam des Agamemnon, in den Choëphoren der der Klytämnestra und des Aegisthos sichtbar.

Außer der den Zuschauern zugekehrten Bühnenwand mit ihrer verschiebbaren Decoration, die nur in sehr seltenen Fällen während des Stückes geändert wurde, gab es noch an beiden Seiten des Proskenions zwischen Orchestra und Bühnenwand je eine dreiseitige drehbare Maschine, Periakten (αἱ περίακτοι, scena versilis) genannt, welche der Hauptwand entsprechend decorirt war, und durch deren Umdrehung eine Veränderung der näheren und entfernteren Umgebung des auf der Hauptbühnenwand dargestellten Lokales bewirkt werden konnte.

Ursprünglich hatten wahrscheinlich von den drei Seiten der drehbaren Maschine je eine der Decoration der Bühnenwand in der Tragödie, der Komödie und dem Satyrdrama

entsprochen. Erst mit der weiteren Entwickelung des Büh=
nenwesens wurden sie in den einzelnen Stücken zu dergleichen
Veränderungen durch Umdrehung benutzt.

Die Räume zur Seite des Bühnenplatzes, auf welchen
diese Periakten angebracht waren, hießen Paraskenien
(παρασκήνια).

Zwischen diesen Periakten und der hinteren Bühnen=
wand befanden sich die Seitenzugänge (πάροδοι) für die
Schauspieler, welche nicht aus den Thüren der Haupt=
decoration auf die Bühne traten. Zu welcher Zeit an dieser
Stelle die festen Flügel zu beiden Seiten des Bühnenge=
bäudes, nach der Orchestra zu, gebaut worden sind, welche
ebenfalls Paraskenien hießen, und wahrscheinlich zur Auf=
bewahrung der Theatergeräthschaften, der Garderobe und
zum Aufenthaltsorte für Schauspieler und Choreuten dienten,
läßt sich nicht mit Bestimmtheit nachweisen.

Dagegen wissen wir Genaueres über die Decoration,
insofern uns berichtet wird, daß Agatharchos zur Zeit des
Aeschylos die Scene gemalt habe. Da in der hieher ge=
hörigen Stelle des Vitruv hinzugefügt wird, daß derselbe
Agatharchos auch eine Schrift über die Perspectivmalerei
zurückgelassen habe, so wird daraus zugleich wahrscheinlich,
daß schon vor Agatharchos Anfänge mit dieser Kunst ge=
macht worden sind, da bekanntlich die Praxis der Theorie
immer um einige Schritte voraus ist.

Von Maschinerien haben wir bereits die Rollmaschine
(ἐκκύκλημα) erwähnt, auf welcher, nachdem die Bühnen=
wand geöffnet, das Innere gezeigt wurde. Außerdem kom=
men noch verschiedene andere vor, eine Hebe= und Schwebe=

maschine (αἰώρημα), auch kurzweg die Maschine genannt, weil sie vorzugsweise im Gebrauch war, vermittelst welcher Götter und Heroen in der Luft schwebend erschienen, wie die Okeaniden in Aeschylos' Prometheus, Athene in den Eumeniden, überhaupt jeder deus ex machina. Von ähnlicher Beschaffenheit muß der Kranich (γέρανος) gewesen sein. Eine besondere Bühne in der Höhe der hinteren Bühnenwand, **Götterbühne** (θεολογεῖον) genannt, diente Göttern zum Aufenthaltsort, wenn sie nicht durch die Maschine vom Himmel oder sonst woher auf die Erde geführt wurden, sondern vom Himmel aus mit den Menschen verkehren und deshalb dauernd in der Höhe verweilen sollten. In den uns erhaltenen Tragödien findet sich kein Beispiel ihrer Anwendung, doch wird erzählt, daß in der verloren gegangenen Tragödie, die Psychostasie, Jupiter auf dieser Bühne erschienen sei.

Auch **Vorrichtungen, um Donner und Blitz nachzuahmen**, waren vorhanden. Das Erstere geschah, indem man Schläuche auf Erzplatten hin und her rollte. Versenkungen waren in dem hölzernen Fußboden des Proscceniums angebracht. Ebendaselbst befanden sich auch in die unteren Räume führende Treppen, aus welchen die Schatten der Unterwelt, die Erinnyen u. A. auf- und abstiegen.

Das **Proskenion** oder **Logeion**, der Raum vor der Skenenwand, d. i. die Bühne für die Schauspieler, lag 10 bis 12 Fuß über der Orchestra; die den Zuschauern zunächst liegende, in die Orchestra hinabsteigende Wand des Proskenions, welche das Proskenion von der Orchestra trennt, war mit Säulen und Statuen geschmückt, und hieß ebenso, wie der durch sie begrenzte Raum unter der Bühne —

Hyposkenion. In neuer Zeit ist in Athen eine Statue des komischen Dichters Menander gefunden worden, die hier ihren Platz gehabt haben wird.

In der Mitte der Orchestra stand der für die Opfer des Dionysos bestimmte Altar ($\vartheta\nu\mu\acute{\epsilon}\lambda\eta$). Von diesem aus bis zum Proskenion pflegte bei dramatischen Vorstellungen der Sandboden (Konistra) der Orchestra durch ein mehrere Fuß hohes Gerüst erhöht, und dieses mit der Bühne durch eine Treppe verbunden zu werden. Der Altar selbst wurde nicht in die dramatischen Festspiele mit hineingezogen, wie überhaupt die Orchestra in keiner Weise decorirt wurde, sondern lediglich durch die Decoration der Bühne ihre Bestimmung und Beziehung erhielt. Auf den Stufen des Altars befand sich der den Chor begleitende Flötenspieler, ebendaselbst oder auf dem für dramatische Vorstellungen dem Chor errichteten Brettergerüst hielten sich auch die Stabträger (Rhabdophoren) auf, denen die Sittenpolizei im Theater übertragen war.

Der Raum für die Zuschauer lehnte sich im griechischen Theater gewöhnlich an einen Hügel, an welchem die Sitze in concentrischen Halbkreisen sich über einander erhoben. Mehrere von dem Mittelpunkt aus nach der Höhe zulaufende Radien bildeten die Abtheilungen und Zugänge zu den Sitzen ($\varkappa\epsilon\varrho\varkappa\acute{\iota}\delta\epsilon\varsigma$). Ein oder zwei breite Gänge (Gürtel, $\delta\iota\acute{\alpha}\zeta\omega\mu\alpha$, $\varkappa\alpha\tau\alpha\tau o\mu\acute{\eta}$), welche diese Radien unter einander verbanden, schieden die unteren Sitzreihen von den oberen, und sonderten so die verschiedenen Stockwerke. Die Sitzstufen, 1 Fuß 2 Zoll bis 1 Fuß 5 Zoll hoch und 2 Fuß 5 Zoll bis 3 Fuß 10 Zoll breit, waren in ihrer vorderen

Theater im engern Sinn, d. i. Raum für die Zuschauer.

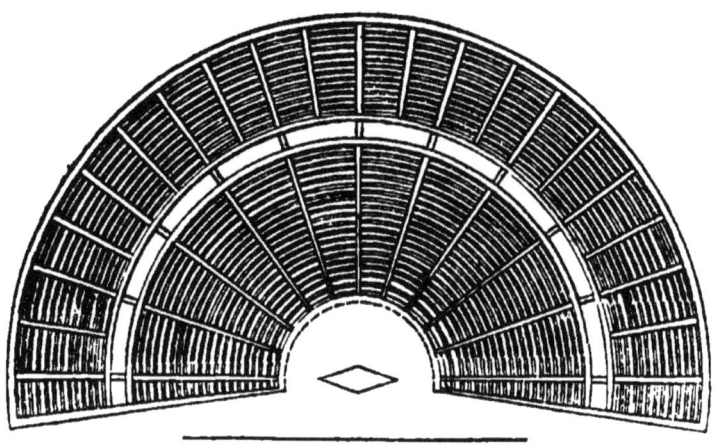

Grenzlinie des Proszeniums.

Hälfte zum Sitzen, in der hinteren etwas vertieften für die Füße der in der höhern Reihe sich Aufhaltenden bestimmt. Die obersten Sitzreihen umschloß entweder eine Mauer oder eine Säulenhalle. Im griechischen Theater machte jede Reihe Sitzstufen entweder einen durch Tangenten verlängerten Halbkreis, oder ein Kreisstück von 185 bis 260 Grad aus, während sie im römischen Theater immer nur von einem reinen Halbkreis umspannt sind.

Die einzelnen Sitze waren durch Linien abgetheilt. Theatermarken, die man gefunden, enthalten den Namen des Dichters der aufzuführenden Dramen und die Nummer des Platzes.

Eine Bedeckung der Skene, der Orchestra oder des Zuschauerraums fand in der Blüthezeit des griechischen Theaters nicht statt.

Das größte Theater, von dem wir Kenntniß haben, das zu Megalopolis, konnte mehr als 40,000 Menschen fassen; die gewöhnliche Größe war etwa auf das Viertel oder die Hälfte berechnet; so hatten in Epidaurus, die Sitzbreite nur zu 2 Fuß berechnet, 10,000 Menschen Platz, zu Syrakus 14,000.

Wo die Schallgefäſſe ($\dot{\eta}\chi\epsilon\tilde{\iota}\alpha$) aufgestellt waren, durch deren Hülfe es möglich gemacht wurde, daß die Stimme der Schauspieler in so weitem Raume vernommen wurde, und wie ihre Einrichtung gewesen, hat noch nicht nachgewiesen werden können. Neuere Forschungen in der Akustik, wie die von Sondhauß, machen es glaublich, daß es Schalllinsen gewesen, die in ähnlicher Weise die Tonwellen in einem Punkte auffingen, wie das Brennglas die Lichtwellen.

Was die Art der Darstellung anbelangt, so gebührt auch hierin Aeschylos wegen seiner wahrhaft schöpferischen Thätigkeit der erste Preis. Wie die Ausrüstung der Bühne, der Gebrauch des Maschinenwesens und der Decorationsmalerei auf ihn zurückgeführt werden muß, so war er es auch, der eine angemessene **Ausstattung der Schauspieler** sich angelegen sein ließ.

Wie Götter, Göttinnen und Heroen, welche vorzugsweise in der Tragödie dargestellt wurden, durch ihre geistigen Eigenschaften die Menschen überragten, so sollte auch ihre äußere Erscheinung auf der Bühne sie auszeichnen, sie sollten **anmuthiger, würdiger, großartiger** erscheinen. Für die äußere Würde und Anmuth war durch das Gewand gesorgt, das nach dem Vorbilde des Priesterornats ein langer Talar war, mit kürzerer oder längerer Schleppe, mehr oder weniger kostbar mit Gold geschmückt, gestickt, verschiedenfarbig, mit oder ohne Uebergewand, mit oder ohne Aermel, so daß das Kostüm der Frauen und Männer nicht wesentlich sich unterschied und somit, da es bei den Griechen Schauspielerinnen nicht gab, von Seiten der Kleidung es wenig Mühe und Zeit erforderte, aus einer Männerrolle in eine Frauenrolle, und umgekehrt aus einer Frauenrolle in eine Männerrolle überzugehen.

Um auch die Größe über das Menschliche zu erheben, wurde die Gestalt des Schauspielers durch künstliche Mittel nach allen Richtungen hin in das Kolossale ausgedehnt. Man bediente sich erstens eines Schuhs mit hoher Sohle, Kothurn genannt, dessen Höhe nach der Person sich richtete, die der Schauspieler darzustellen hatte. Je erhabener der

Gott, desto höher der Schuh. Die höchste Art war einen Fuß hoch. In gleicher Weise wurde der Kopf durch einen Aufsatz, eine Art Toupet oder Perrücke übermenschlich vergrößert, auch dies wieder nach Maßgabe der Rolle. Dieser Aufsatz schloß sich unmittelbar an die Gesichtsmaske an, welche den ganzen Vorderkopf und einen Theil des Hinterkopfes umgab und nach und nach an Stelle der im ersten Abschnitt erwähnten einfacheren Art der Vermummung getreten war.

Um aber das Mißverhältniß zu verhüten, das nothwendig hätte eintreten müssen, wenn nicht auch der Rumpf in entsprechender Weise verstärkt worden wäre, so pflegte man ihm durch Auspolsterung an Brust und Leib ($προ\-στερνίδιον$, $προγαστρίδιον$) einen größeren Umfang zu geben.

Endlich wurden noch die Hände durch Handschuhe ($χειρίδες$) über die natürliche Fingerlänge ausgedehnt.

Dadurch entstand freilich eine fremdartige, wunderliche Erscheinung. Bedenkt man aber die Weite des Raumes, in welchem die griechischen Schauspieler auftraten, so sieht man ein, daß eine Vergrößerung und Erhöhung der Figur unumgänglich nöthig war, wenn die Gestalt nicht ganz verschwinden sollte.

Die Kunst des Schauspielers beruht zwar wesentlich auf Naturanlage, aber die Griechen haben es nicht versäumt, diese Naturanlage zu pflegen und auszuarbeiten.

Ganz unterschieden von unserer Zeit, welche mit wenigen Ausnahmen diese Kunst fast wild aufwachsen läßt, haben sie eine gründliche wissenschaftliche und technische Ausbildung für nothwendig erachtet.

Der Schauspieler ist der Dolmetscher des dramatischen Dichters. Das Leben, das der Dichter seinen Gestalten eingehaucht hat, das und kein anderes soll er zur Anschauung bringen. Dazu gehört nicht nur die Fähigkeit, in die Natur und Eigenthümlichkeit einer andern Person sich hineinzudenken und sie, als wenn es die eigene wäre, in Wort, Blick, Miene, Stimme, Haltung und Bewegung darzustellen; es ist vor allen Dingen das Verständniß des Dichters nöthig. Dieses Verständniß aber erfordert umfassende Kenntniß und Bildung, und je höher der Dichter steht, desto tiefer eindringendes fortgesetztes Studium. Die griechischen Dichter kannten die Wichtigkeit dieses Punktes so wohl, daß sie, namentlich noch Aeschylos, selbst die Hauptrollen übernahmen, für die übrigen aber solche Schauspieler auswählten, die sie für das Verständniß und die Darstellung als besonders geeignet kennen gelernt hatten. Mit diesen studirten sie die Rolle ein, und da sie bei der beschränkten Zahl der Schauspieler nur einen, höchstens zwei zu ihrer Hülfe brauchten, so läßt sich ermessen, wie vollkommen auf diese Weise die Schöpfungen der Dichter zur Aufführung kamen. Erst Sophokles ging, weil seine Stimme zu schwach war, von der Gewohnheit selbst aufzutreten ab, und seitdem wurde nur ausnahmsweise von den Dichtern gespielt.

Noch auf eine andere Art aber sorgte man für die Tüchtigkeit der Schauspieler. Sie mußten sich einer Staatsprüfung unterwerfen. Keiner wurde als dritter Schauspieler (Tritagonist) ohne Examen zugelassen, ebenso war für die Rollen eines zweiten und ersten Schauspielers eine besondere Nachweisung der Befähigung nöthig. War aber die Prüfung bestanden, so durften sie ohne Weiteres in allen Rollen des Grabes, den sie sich erworben hatten, auftreten. Dabei war es eine Hauptpflicht, um ein abgerundetes Ganzes in der Darstellung möglich zu machen, daß der Deuteragonist und der Tritagonist in jeder Beziehung, namentlich in Hinsicht der Stimme, der Rolle des Protagonisten sich unterordneten. Diejenigen Dichter, welche ihre Schauspieler nicht selbst wählten, erhielten sie durch das Loos zugetheilt.

Da die griechischen Schauspieler keinen Souffleur hatten, mithin lediglich auf sich angewiesen waren, so wurden sie dadurch zugleich genöthigt, ihre Rolle zum sichern Eigenthum des Gedächtnisses zu machen. Es konnte nicht fehlen, daß sie so ganz und gar in sie sich einlebten, sie in allen Theilen beherrschten, und dadurch in den Stand gesetzt wurden, das eigene Verständniß derselben auch dem Zuschauer zu vermitteln.

Auch die Beschränkung ist für die Vollendung der Kunstleistungen nicht gering anzuschlagen, daß kaum je ein komischer Schauspieler in der Tragödie, ein tragischer in der Komödie auftrat.

Mit großer Gewissenhaftigkeit bildete man die äußeren Hülfsmittel der Darstellung, Stimme und Körperbewegung aus. Die Stimme ist der Ausdruck der Seele. Jede Gemüthsverfassung hat ihre besondere Tonfarbe. Anders spricht der Haß, der Zorn, die Liebe, die Wehmuth, einen andern Ton hat die Freude, einen andern der Schmerz. Auch nach Alter und Geschlecht ist das Organ verschieden. Ein Schauspieler, der im Stande sein soll, alle Rollen zu übernehmen, wenn er auch vielleicht vorzugsweise solche wählt, die seinem Organ und seiner geistigen Eigenthümlichkeit am meisten entsprechen, muß der Stimme völlig mächtig sein, und zu diesem Behuf eben so sehr auf Umfang und Fülle, als auf Biegsamkeit und Weichheit bedacht sein. Gelten diese Anforderungen für alle Schauspieler, so vornehmlich für die Griechen, welche nicht bloß zu recitiren, sondern auch zu singen, so überaus große Räume auszufüllen und Frauen- und Männerrollen zu spielen hatten, so daß ihnen alle feinen Schattirungen der Stimme zum Ausdruck der zartesten Gefühle, wie der heftigsten Leidenschaften zu Gebote stehen mußten. Und daß sie das vermochten, zeigen die begeisterten Aeußerungen über das Hinreißende ihres Spieles in Frauen-, wie in Männerrollen, zeigt der Ruhm eines Nikostratos, Kallipides, Myniskos, Polos, Theodoros, deren Namen noch nach Jahrhunderten in der Kaiserzeit gefeiert wurden.

Zugleich aber erfahren wir, mit welchen Entbehrungen sie dieses Ziel erkauften. Sie unterwarfen sich der strengsten Diät und machten sich die größte Einfachheit und Mäßigkeit zur Pflicht. Starke Esser und Trinker unter den Schauspielern wurden von der Komödie verspottet und ungenügende Leistungen ihrer Unmäßigkeit und Leckerhaftigkeit zur Last gelegt. Der Tag war bis in's Einzelne geregelt. Zu bestimmten Tageszeiten gingen sie spazieren. Uebungen im Singen und Recitiren veranstalteten sie nie nach Tisch, sondern früh Morgens im Bett sangen sie die Tonleiter von den tiefsten Tönen bis zu den höchsten, und so wieder zurück. Auch sitzend thaten sie das.

Daß sie auf Reinheit der Aussprache große Sorgfalt wendeten, wäre kaum nöthig zu erwähnen, wenn nicht in dieser Hinsicht selbst auf den größten Bühnen unserer Zeit in schmählicher Weise gefehlt würde. Die Griechen hatten ein so feines Gehör, daß, als einst der Schauspieler Hege=lochos einen kaum wahrnehmbaren Hauch, einen Apostroph, weil ihm der Athem ausging, nicht hörbar aussprach — freilich wurde so aus der Windstille ein Wiesel — das ganze Theater in lautes Gelächter ausbrach, und der Schau=spieler fortan die Zielscheibe des Witzes für die komischen Dichter blieb, die ihn in ihren Dramen verhöhnten. Sprach der Schauspieler eine kurze Silbe lang, eine lange kurz, oder trug er gar unvollständige Verse vor, an welchen ein oder zwei Glieder fehlten, so war er in Gefahr, sofort aus=gezischt, ausgepocht, ja selbst vom Theater verwiesen zu werden. Begegnete ihm ein solches Vergehen in der Rolle eines Gottes, so hatte er sogar Züchtigung zu gewärtigen. Denn es wurde nicht nur über jede Tragödie und ihre Darstellung von fünf durch den Staat gewählten Männern das Richteramt ausgeübt, sondern es hatten auch Auf=sichtspersonen, Rhabdophoren (Stabträger) ihren Platz im Theater, die ebensowohl bei ästhetischen Versehen als bei sittlichen Vergehen augenblicklich einschritten.

Nächst der Ausbildung der Stimme galt es, dem Schau=spieler völlige **Herrschaft über den Körper** zu verschaffen, so daß jede Bewegung und Stellung seinem Willen gehorchte. Dieß geschah durch die Uebungen der Ringschule (Palästra) und der Tanzkunst. Ohne eine gründliche Vorbildung durch sie würde kein griechischer Schau=spieler gewagt haben, öffentlich aufzutreten. Sie bedurften aber der Gewandtheit, Kraft und Geschmeidigkeit des Kör=pers um so mehr, je größere Schwierigkeiten die oben geschilderte Ausstattung des Schauspielers zu überwinden gab. Wie hemmend war für den Gang der hohe, fast viereckige Schuh! Wie sehr hinderte der hohe Aufsatz die Bewegung des Kopfes! Wie lästig mußte die Auspolsterung des Körpers, die künstliche Verlängerung des Armes sein!

Dazu kommt, daß die griechischen Schauspieler ausschließlich auf das Geberdenspiel, auf den Ausdruck in Haltung, Gang, Stellung, Bewegung des Kopfes und der Hände angewiesen waren, da der Gebrauch der Maske ihnen die Wirkung durch das Mienenspiel, welches heute unsern Künstlern so mächtig zur Seite steht, entzog.

Daß aber das griechische Alterthum dieses wichtige Darstellungsmittel entbehrte, liegt zunächst in äußeren Gründen. Die Räume des Theaters waren zu groß, als daß die Physiognomie des Gesichts hätte erkannt werden können. Es that daher Noth, durch künstliche Mittel sie mehr hervortreten zu lassen. Außerdem sollte die Larve noch durch die trichterförmige Oeffnung des Mundes zur Verstärkung der Stimme beitragen. Aber die Erscheinung ist zugleich tief im Wesen der antiken Tragödie begründet. Der antike Dichter zeichnet größtentheils in starken Zügen nach feststehenden mythischen Typen scharf ausgeprägte Gestalten, die plastisch abgerundet einer Ergänzung von Seiten des Schauspielers nicht bedürfen, ja selbst den Wechsel der Larven für ein und dieselbe Rolle überflüssig machen. Der moderne Dichter hingegen, Shakespeare vor Allen, deutet oft nur mit einzelnen Strichen das Charakterbild an, und überläßt es dem Schauspieler, die Züge auszuführen, zu vervollständigen, und zu einem Ganzen zu gestalten, wobei dieser in dem Reichthum und dem Wechsel des Gesichtsausdruckes einen unentbehrlichen Hebel seiner Kunst findet.

Nicht minder hoch, als die Naturbegabung und die technische Bildung, steht das richtige Gefühl für das Maß des Darstellbaren innerhalb der Grenze der Schönheit, ohne welches Talent und Kunst des festen Grundes beraubt in der Luft schwebt. Gerade hierin ist die griechische Kunst ein hohes Vorbild für alle Zeiten geworden. Jede Uebertreibung war ihr zuwider, und wenn sie das Rechte nicht zu treffen wußte, so wollte sie lieber hinter dem Erreichbaren zurückbleiben, als über die Grenze hinausgehen. Ein schönes, mit Recht gepriesenes Bild setzt diesen Grundsatz in helles Licht. Timanthes malte die Opferung der Iphigenie. Die verschiedenen Grade des Schmerzes drückte er in Kalchas dem Priester, Odysseus dem Freunde, Menelaos dem Bruder des Vaters aus; des Vaters Agamemnon Gesicht verhüllte er, weil, wie er richtig urtheilte, so tiefer Schmerz die Grenzen der Darstellbaren überschreitet. Ganz in Uebereinstimmung damit steht die antike Schauspielkunst. Daß auch sie nach denselben Grundsätzen ihr Ziel verfolgt habe, bezeugt ein Urtheil aus Aeschylos' Munde. Wie er, selbst Schauspieler, den Schauspielern das rechte Maß anwies, so bezeichnet er in derber Weise die als Affen, die in plumper Nachahmung der Wirklichkeit durch Uebertreibung von der Schönheit sich entfernten. Und sein Ausspruch ist um so werthvoller, je leichter gerade das hohe Pathos seiner Dichtungen zu solcher Verirrung verleiten konnte.

In solcher Weise ausgerüstet, mit Naturgaben, gründlicher wissenschaftlicher und technischer Bildung, mit sicherem und feinem Takte für Maß und Schicklichkeit ausgestattet, war der griechische Schauspieler in Wirklichkeit, was er sein sollte, ein Dolmetscher des Dichters, dessen Werk er darstellte, ein Vermittler zwischen diesem und dem Publikum, der des Dichters Schöpfungen wahr und treu dem Zuschauer vor die Augen führte, zur Erhabenheit seines Geistes hinaufhob und, wie es die Aufgabe der Tragödie ist, reinigend und versöhnend Herz und Geist veredelte — wahrlich eine Kunst, die, so aufgefaßt und betrieben, nichts von Frivolität an sich hat, sondern ernst und würdig, wie jede andere Kunst, Achtung verdient. Diese ihr gebührende Achtung wurde ihr in Griechenland vollauf zu Theil, und die äußere Lebensstellung, deren sich die Schauspieler zu erfreuen hatten, trug ihrerseits nicht wenig dazu bei, ihr Kunststreben zu fördern.

Daß ein Polos zur Zeit des Demosthenes für seine Vorstellungen in zwei Tagen ein Talent (etwa 1500 Thaler unseres Geldes) erhielt, ist heut zu Tage oft genug überboten worden. Daß aber Neoptolemos und Aristodemos, ohne ihren Beruf als Schauspieler aufzugeben, als Gesandte die Verhandlungen zwischen Athen und Philipp von Macedonien führten, daß Alexander der Große mit dem Schauspieler Thessalos in vertrautester Freundschaft lebte, daß Archias unter Antipater General war, davon ist in der Theatergeschichte der neuern Zeit Nichts zu finden. Die griechischen Schauspieler waren freie Bürger, frei auch von der Mißachtung, die in Rom auf ihnen lastete. Sie nahmen Theil an dem Ruhme der Dichter, wurden durch Denkmäler und Inschriften auf die Nachwelt gebracht, als Staatsmänner geehrt, selbst als Gesandte und Feldherrn durch die Gunst von Fürsten und Völkern ausgezeichnet.

Fassen wir das über diesen Abschnitt — den Zeitraum der Perserkriege bis zu Alexander dem Großen — zusammen, vergegenwärtigen wir uns, wie die Griechen in entzückender Gegend, im Freien unter dem glänzenden, südlichen Himmel, in würdigen, durch alle Künste geschmückten Räumen, nicht alle Tage, sondern in bestimmten Festzeiten, die hohen Meisterwerke der dramatischen Poesie in edelster, vollendetster Weise dargestellt sahen, so wird es nicht in Verwunderung setzen, daß dort die Gebildetsten nicht nur Genuß und Erholung, sondern auch Erhebung suchten, daß das Theater, wonach Goethe und Schiller so unablässig trachteten, eine Bildungsschule der Erwachsenen wurde, daß endlich in ihm einer der wesentlichsten Hebel für die Verbreitung und Allgemeinheit des geistigen Lebens zu sehen ist, durch welche die Griechen vor allen Völkern hervorragten.

Dritter Abschnitt.

Der Verfall des altgriechischen Theaters.

Seitdem Aeschylos, Sophokles, Euripides ihre Meisterwerke geschaffen hatten, verbreitete sich das Theater über die ganze griechische Welt. Es gab keine einigermaßen bedeutende Stadt, welche nicht ihr Theater gehabt hätte, und zu Alexanders des Großen Zeit war es überall zu finden, wo die griechische Sprache Eingang gefunden hatte.

Nach langer, fast hundertjähriger Arbeit war unter Lykurg um 330 v. Chr das Theater zu Athen vollendet worden, das von Dikäarch denkwürdig, groß, wunderbar, das schönste der Welt genannt wird.

Ausgezeichnet durch Schönheit und Ebenmaß war auch das schon in der Mitte des fünften Jahrhunderts von Polyklet in Epidauros gebaute.

Ihm zur Seite steht das Theater in Aegina. Das größte Theater in Griechenland war das in Megalopolis (in Arkadien) unter Epaminondas gegründete, dessen Durchmesser 480 Fuß betrag. Auch Argos, Sikyon, Korinth, Paträ (in Achaja), Elis hatten ihre Bühnen, ebenso selbst die kleinen Inseln und die ionischen Städte in Kleinasien, in welchen die attischen Dionysien blühten.

In Syrakus führte schon Aeschylos seine Perser, die Aetnäerinnen und vermuthlich noch einige andere Tragödien auf, und schon vor Ol. 90 war dort das nachmals durch die Königin Philistis erweiterte und ausgeschmückte Theater von Demokopos erbaut worden.

In Macedonien bewiesen nicht nur Alexander und Philipp, sondern schon vor ihm Archelaos Sinn und Liebe für dramatische Festspiele, an dessen Hofe in Pella Euripides sein mit Bezug auf den König gedichtetes Drama „Archelaos" aufführte.

Auch Alexander, der Tyrann von Pherä in Thessalien, hatte sein eigenes Theater. In Syrien werden zwei Theater in Antiochia erwähnt, von Seleucus Nicator Ol. 119, 4 erbaut.

Alle aber überstrahlte Aegypten unter den Ptolemäern mit seiner Liebe zur dramatischen Kunst. Aegypten brachte sogar ein tragisches Siebengestirn, eine Pleias von tragischen Dichtern hervor, deren Glanz freilich nie hell geleuchtet hat, sondern gleich bei seinem Aufgange vor den genannten Sternen erster Größe erblaßte, die damals fast unbeschränkt die griechische Bühne beherrschten, wie sie später selbst in römischen Städten eine bleibende Stätte fanden.

In weiser, nicht genug anzuerkennender Vorsicht hatte Athen dafür gesorgt, daß die Meisterwerke des Aeschylos, Sophokles und Euripides in ihrer ursprünglichen Reinheit erhalten wurden.

Schon unter Lykurg, dem um sein Vaterland hochverdienten Redner, war in der Mitte des vierten Jahrhunderts die Bestimmung getroffen, daß ein Original=Exemplar ihrer Tragödien als Staats=Exemplar niedergelegt, und jeder Schauspieler durch den Staatsschreiber angehalten wurde, das seinige mit diesem zu vergleichen und nach ihm zu berichtigen. So wurde der schon damals hervortretenden Neigung der Schauspieler, durch Extemporiren ihr Eigenthum mit dem des Dichters zu vermischen, Einhalt gethan, und das war um so nöthiger, je mehr sich die Schauspieler als eigener Stand gestalteten, während in der ersten Zeit die Dichter selbst auf der Bühne aufgetreten waren und das Einstudiren der Mitspielenden übernommen hatten.

Von Stücken des Aeschylos, die noch wiederholt zur Aufführung kamen, werden besonders die Eumeniden genannt; als Schauspieler, die in Sophokleischen Dramen, besonders in der Antigone, mit Vorliebe auftraten, Theodoros und Aristodemos. Oefter noch, als die Tragödien des Aeschylos und Sophokles, kamen die des Euripides zur Aufführung, in denen zur Zeit des Demosthenes Polos vorzügliche Meisterschaft bewies.

Alexander, der Tyrann von Pherä, wurde von Euripides' Hekabe zu Thränen gerührt, und die Abderiten unter König Lysimachus verfielen nach Aufführung seiner Andromeda in ein wirkliches Theaterfieber, in dessen Paroxysmen Jung und Alt nichts als Gesänge aus dieser Tragödie recitirte.

So sehen wir noch Jahrhunderte hindurch den Geist der großen Tragiker selbst unter den Barbaren gestaltend und bildend den Zweck des Theaters erfüllen, und lange nach Griechenlands Falle dem ganzen Erdkreise, den Rom durch Waffengewalt erobert hatte, noch einmal, wie früher durch die Verbreitung der Rede, so jetzt durch den poetischen

Festcultus des Dionysos, Cultur und Civilisation siegreich zuführen.

Aber die ursprünglich schöpferische Kraft der Griechen war doch mit dem Verfalle der politischen Größe gebrochen.

Die Künste, die in der Tragödie harmonisch verbunden waren, Dichtkunst, Musik im engern Sinne, Tanzkunst, lösten sich allmählich aus diesem Verbande los, und suchten jede für sich Geltung zu erlangen.

Die **dramatische Dichtkunst** machte sich von der Bühne unabhängig; in Alexanders des Großen Zeit schrieb man, wie heut zu Tage, Schauspiele, die nicht zur Aufführung bestimmt waren.

Die **Instrumentalmusik**, namentlich die **Flötenmusik**, welche in der ältesten Zeit nur zur Begleitung des Gesanges gedient hatte, bildete sich abgesondert von Gesang und Tanz zum Virtuosenthum aus.

Selbst **Gesang und Tanz**, sonst unzertrennlich vereinigt, trennten sich von einander.

Ja, die alten Tragödien wurden oft nicht mehr vollständig aufgeführt, sondern oft nur einzelne Scenen, einzelne Gesänge aus ihnen vorgetragen.

So gab es also eine **dramatische Poesie** ohne Gesang und Tanz,

eine **dramatische Instrumental-** (namentlich Flöten-) **musik** ohne Chorgesang,

einen **dramatischen Tanz** (Pantomimik) als selbstständige Kunstgattung.

Was die nicht zur Aufführung bestimmten Dramen betrifft, so bedürfen sie keiner besondern Erklärung.

Von der dramatischen Flötenmusik (Auletik) können wir uns schwer eine Vorstellung machen, zumal da die Nachrichten darüber äußerst spärlich sind. Zunächst haben wir sie von der Aulodik, dem Gesange zur Flöte, und von den Flötenbläserchören, die schon in älteren Zeiten stattfanden, zu unterscheiden und sie als Sololeistung ohne Begleitung anderer Instrumente oder des Gesanges zu bezeichnen. Art und Gegenstand dieser Sololeistung läßt sich am Besten an einem Beispiele veranschaulichen. Bekannt ist der Streit des Odysseus und des Ajas um die Waffen des Achill. Die Schiedsrichter sprechen sie Odysseus zu, wodurch der ehrgeizige Sinn des Ajas so tief sich verletzt fühlt, daß er wahnsinnig wird, und in der Meinung, die Heerführer der Argiver vor sich zu haben, eine Heerde Schafe und Rinder anfällt und niedermetzelt. Wenn wir nun von dem berühmten Flötenspieler Timotheus aus Theben, einem Zeitgenossen Alexanders des Großen lesen, wie er mit besonderer Meisterschaft und großem Beifall ein Musikstück: „der rasende Ajas" geblasen habe, so sieht man daraus, daß man sich eine Art musikalischer Malerei oder malerischer Musik zu denken hat, wie wir in unseren Tagen sie zur Nachahmung von Naturerscheinungen, Donner, Blitz, Regen, oder zu Schlachtgemälden, oder auch zu Schilderungen des Hirtenlebens, des Jägerlebens, in symphonischen Compositionen angewendet finden.

Zu der Erklärung führen auch die Nachrichten, wo von

Verirrungen dieser musikalischen Malerei die Rede ist, wo, wie erzählt wird, ein Flötenbläser den Wurf der Diskusscheibe durch Bewegungen des Körpers ausdrückte, während die Mittel, auf welche er zur Nachahmung angewiesen war, lediglich Harmonie und Rhythmus sein sollten.

Jedenfalls war der rasende Ajas ein besonders geeigneter Gegenstand für den leidenschaftlich orgiastischen Charakter der Flötenmusik. Denn die Flöte, die zum Ausdruck ebenso der ausgelassenen Freude, wie der übermäßigen Trauer geeignet ist, deren aufregende Wirkung noch jetzt Jeder empfindet, sobald der Soldatenmarsch mit der Piccoloflöte sich hören läßt, bildete im griechischen Alterthum den entschiedenen Gegensatz zur maßvollen Kithara oder Lyra. Die Flöte ist bei Homer der Barbaren Instrument, und wurde erst durch den Dionysosdienst nach Griechenland gebracht; die Griechen haben das Saitenspiel, die Phorminx (Lyra, Kitharis), deren Meister Apollo ist. Durch sie besänftigt und erheitert der gekränkte Achilles sein zorniges Gemüth.

Apollo und Athene verschmähten die Flöte, und es dauerte lange in Griechenland, bis eine förmliche feierliche Versöhnung der Saiten- und der Blasinstrumentmusik stattfand, deren Kampf seinen Höhepunkt hatte in dem mythischen Siege des Apollo über den flötenblasenden Marsyas und des letzteren grausame Bestrafung durch den Gott — ein Mythus, den wir mit dem Wesen Apolls kaum vereinigen können, wenn wir ihn nicht als einen Triumph der maßvollen Bildung über die ausgelassene, schrankenlose Leidenschaftlichkeit des Barbarenthums auslegen.

Wenn nun schon in den Anfängen des Drama's, wie wir erwähnt haben, Pratinas über die zunehmende Herrschaft der Flöte in der Chormusik sich beklagt*), wie entartet würde ihm die griechische Musik erschienen sein, wenn er die Zeiten des Verfalles gesehen hätte, wo man die Flöte als selbständiges dramatisches Instrument verwendete.

In ähnlicher Weise war freilich im uralten Pythischen Nomos (Festgesang) zur Kithara Apollo's Sieg in den ältesten Zeiten über die Pythische Schlange in vier einzelnen Musiksätzen, deren Namen uns noch bekannt sind, dargestellt. Aber in dieser Darstellung bildete das Lied die Hauptsache, das Saitenspiel die Begleitung, während in der hier besprochenen dramatischen Musik die Nachahmung ausschließlich der Flöte zufiel.

Etwas besser sind wir über die dramatische Tanzkunst, die Pantomimik, unterrichtet, die, eine Erfindung der Kaiserzeit, bis zum Untergange des weströmischen Reiches, ja auch bei den Byzantinern mit immer neuem Zauber das Theater beherrschte, und den weitreichendsten Einfluß auf die Sitten ausgeübt hat.

Der Ursprung dieses Schauspieles ist im griechischen Drama zu suchen. Wir haben früher im Vorübergehen erwähnt, daß den verschiedenen Gattungen der dramatischen Poesie ein verschiedener Charakter des vom Chor aufgeführten Tanzes entsprochen habe, die maßvolle, anmuthige, feierliche Emmeleia der Tragödie, der ausgelassene Kordax der Komödie, die üppig bewegliche Sikinnis dem Satyrdrama.

Aus diesen drei Gattungen des dramatischen Tanzes bildete sich selbstständig die Pantomimik, die sich eben deßhalb

---

*) S. Seite 14.

Pantomimik nannte, weil sie nicht wie die römischen Mimen nur einzelne bestimmte Stoffe, namentlich Scenen und Charaktere aus dem gewöhnlichen Leben darstellte, sondern Alles (πάντα) zum Gegenstande der Nachahmung machte, und so gewissermaßen Tragödie, Komödie und Satyrdrama umfaßte. Daß dabei nicht an eine Verschmelzung der drei verschiedenen Gattungen zu denken ist, versteht sich von selbst; es wäre abgeschmackt so verschiedenartige Elemente zu einem Ganzen vereinigen zu wollen. Nur das soll damit gesagt sein, daß kein Stoff weder der Tragödie, noch der Komödie, noch des Satyrdramas von der Darstellung ausgeschlossen war, daß es also tragische Pantomimen, komische Pantomimen und Pantomimen des Satyrdrama's gab.

Und in der That sehen wir gleich bei den ersten Erfindern und Meistern diese Sonderung hervortreten, denn während Pylades sich vornehmlich in tragischen Pantomimen auszeichnete, war Bathyllus für komische und satyrische besonders geeignet.

Ueberdieß sind die uns überlieferten Stoffe fast alle der Art, daß sie auch für griechische Tragödien, Komödien und Satyrdramen nachweisbar sind.

Der Ursprung dieser Kunstdarstellung ist also griechisch, nicht, wie Viele gemeint haben, römisch. Griechische Künstler, Pylades und Bathyllus, erfanden sie unter Augustus, griechische Meister, unter denen Hylas Paris und Mnester hervorragen, bildeten sie aus, und den Namen italiotisch oder italisch erhielt sie nur deshalb, weil sie in Italien unter dem Schutz und der Begünstigung der Kaiser zuerst aufgekommen ist.

Das Charakteristische dieser Kunstform bestand darin, daß nicht die Poesie, nicht die Musik die Hauptsache bildete, sondern die Darstellung durch die Geberde, der Tanz, so daß die sie ausübenden Künstler mit dem allgemeinen Ausdruck Tänzer (ὀρχησταί) bezeichnet wurden.

Zum Grunde lag ein in Scenen gegliederter, entweder nach griechischen Dramen gearbeiteter, oder neu verfertigter Text, libretto, ein sogenanntes Tanzdrama (fabula saltica).

Der Text dieses Drama's wurde nicht vom Pantomimen gesprochen, sondern vom Chor gesungen; der Pantomime stellte den Inhalt des Textes bildlich dar, und mit solcher Klarheit, Anschaulichkeit und Beredtsamkeit, daß die Zuschauer Alles lebendig vor ihren Augen zu sehen glaubten.

Diese Kunst war um so größer, als nicht mehrere Personen zusammen auftraten, sondern ein Einziger, indem er in den auf einander folgenden Scenen die Handlungen theils einer und derselben Person, theils verschiedener Personen darstellte, das ganze Drama nach einander zur Aufführung brachte. Darin ist zugleich ein wesentlicher Unterschied von unserm Ballet enthalten.

Einer Larve bediente sich der Pantomime, wie der Schauspieler in der Tragödie, aber sie war minder abschreckend, weil sie mehr am Gesicht anlag, und nicht die große Oeffnung hatte, in welcher sich bei der tragischen Larve die Vorrichtung zur Verstärkung der Stimme befand. Da der Pantomime nicht zu sprechen hatte, so waren die Lippen seiner Maske geschlossen.

Es zeigt sich in dieser Pantomimik eine Rückkehr zu den ersten Anfängen der dionysischen Festspiele, zu dem alten mimischen Tanze, wie er sich in einzelnen Volksreigen noch vorfand, zu jenen Hyporchemen, deren Aufgabe es war, den Inhalt des Gesanges durch Tanzbewegungen anschaulich darzustellen. Nur daß in den ältesten Zeiten Tanz und Gesang nicht getrennt, sondern Sänger und Tänzer ein und dieselbe Person waren, daß von derselben Person getanzt und zugleich gesungen wurde, während der Tänzer im Pantomimus stumm blieb.

Auch der Chor erhielt in den Pantomimen eine Stelle. Während er aber in den alten Dithyramben und den ersten Anfängen des Drama's der Hauptträger der Festhandlung, des Festgesanges, der Festfeier war, so steht er hier lediglich im Dienst des Pantomimen.

Er singt ein dürftiges Lied, welches den Inhalt des vom Pantomimen dargestellten Drama's enthält, und spielt somit kaum eine andere Rolle, als der Bänkelsänger, der den Inhalt der Bilder, die den Zuschauern auf der Leinwand gezeigt werden, durch seinen Gesang erklärt.

Endlich auch die Instrumentalbegleitung des alten Chores fehlt nicht. Aber anstatt des einen Flötenspielers, der, den Chorgesang begleitend, die Marsch- und Tanzbewegungen regelte und die Stimme unterstützte, finden wir das rauschende Getöse von Flöten, Cithern, Cymbeln und ein am Schuhe des Musikers angebrachtes schallendes Erzinstrument, welches zugleich zum Taktschlagen diente, — lauter Mittel, um den sinnlichen Eindruck der Darstellung zu verstärken.

Von Wichtigkeit ist die Angabe, daß die Stoffe großentheils aus dem ganzen weiten Gebiete der Mythologie entlehnt. Auch die Geschichte war nicht ausgeschlossen, doch durfte in der Auswahl historischer Stoffe nicht über Kleopatra, d. h. also über die Schlacht bei Actium im Jahre 31 v. Chr., als den Anfang der unbeschränkten Kaiserherrschaft, herabgegangen werden.

Dies gibt einen Fingerzeig, warum diese Gattung von Schauspielen unter der römischen Herrschaft eine so große Macht ausgeübt und von den Kaisern ebenso geduldet, ja gepflegt, als vom Publikum geliebt worden ist. Wo das Wort verstummen mußte, war doch das Bild erlaubt; nur die Gegenwart sollte selbst im Bilde nicht dargestellt werden, und jede Beziehung auf sie war verboten.

Die Zuschauer, sonst an die Gladiatoren und Thierkämpfe des Circus gewiesen, fanden, als alle übrigen Gattungen des Drama's, des römischen wie des griechischen, vor dem Mißtrauen der Gewalthaber zurückwichen, in den Pantomimen den einzigen Gegenstand der Schaustellung, wobei Geist und Gemüth nicht ganz leer ausgingen, während zugleich die Sinnlichkeit Befriedigung fand.

Ueber die Ausübung dieser Kunst gibt uns eine werthvolle Schrift des Alterthums eine ebenso unterhaltende, als belehrende Auskunft. Als höchstes Ziel derselben wird die Aufgabe bezeichnet, durch die Wahrheit in Darstellung der menschlichen Leidenschaften dem Zuschauer einen Blick in seine eigene Seele zu verschaffen, ihm zu dem bekannten γνῶθι σεαυτόν, der Selbsterkenntniß zu verhelfen.

Umfassendes, treues, scharfes Gedächtniß, dem alle Mythen gegenwärtig waren, so daß es selbst die ähnlichsten und gleichartigsten, wie die Greuelmalzeiten des Kronos und des Thyestes, die ihre eigenen Kinder verzehrten, bestimmt auseinander zu halten wußte, gehörte zu den ersten Bedingungen eines tüchtigen Pantomimen eben so sehr, ja noch in höherem Grade, als es dem Schauspieler unentbehrlich war. Als tadelnswerther Verstoß wird erwähnt, daß ein Pantomime, der die durch den Zorn der Hera vom Blitze getroffene Semele hatte nachahmen sollen, Glauke, die durch das Giftfeuer des von Medea gesendeten Gewandes getödtet wurde, zur Aufführung brachte.

Mit dem Gedächtniß mußte ein klares Verständniß der Mythen verbunden sein, um Charakter und Stimmung in allen Schattirungen der Leidenschaft auffassen zu können.

Aber da der Pantomime frei war von den lästigen Fesseln des Kostüms, welche die Darstellung des Schauspielers hemmten, da weder der hohe Schuh, noch der den Kopf verlängernde Aufsatz, weder die Riesenhandschuhe, noch die Auspolsterung von Brust und Leib seine Bewegungen hinderten, so waren ihm zur Entfaltung seiner Kunst reichere Mittel geboten und ein größerer Spielraum geöffnet.

Andrerseits war eine weise Benutzung derselben um so nothwendiger, als das wichtigste Darstellungsmittel, der Ausdruck des Wortes in Rede und Gesang, ihm versagt war.

Kraft, Gewandtheit, Beweglichkeit und Geschmeidigkeit des Körpers mußte auch ihm die Palästra verleihen, ohne deren Schule im Alterthum Ausbildung der Tanzkunst gar nicht gedacht werden konnte. Aber wie viel gehörte dazu, diesen Bewegungen den Grad von Anschaulichkeit zu geben, daß selbst Barbaren, die von dem begleitenden und erklärenden Chorgesang nichts verstanden, das volle Verständniß möglich wurde, und sie zugleich stets innerhalb der Grenzen des Schönen zu halten, wie es wenigstens im ersten Jahrhundert nach Christus zu geschehen pflegte.

Ein Gebiet dieser Kunst, das dem mit der Eigenthümlichkeit des Südländers nicht Bekannten ein unlösbares Räthsel und ein versiegeltes Geheimniß bleibt, ist die Cheironomie. Daß hierbei nicht Alles dem Talent, dem Takte des Pantomimen überlassen war, zeigt das Wort Cheironomie selbst, welches auf bestimmte, sei es in der Natur, sei es im Abkommen begründete Gesetze (νόμοι) für die Bewegungen der Hand hinweist.

Sie war es vornehmlich, welche dem Cyniker Demetrius, zur Zeit des Nero, der einer pantomimischen Darstellung zuschaute, die Worte entlockte: „Ich höre, was du thust; es ist mir, als sprächest du mit den Händen."

Ganz ebenso spricht Cassiodor von den beredten Händen, den sprechenden Fingern, dem lauten Schweigen des Pantomimen. Und in demselben Sinne erbittet sich ein Barbarenfürst von Nero einen Pantomimen, damit dieser in seiner Heimath bei den anders redenden Völkern durch seine Geberden das Verständniß vermittele.

Die bewundernswürdige Vielseitigkeit des Pantomimen findet gebührende Anerkennung in folgender Erzählung:

Ein Nichtgrieche sieht fünf Larven, die für den Gebrauch des Pantomimen in fünf aufeinanderfolgenden Akten bestimmt waren. Da er nur einen Tänzer wahrnimmt, so fragte er, wer die übrigen Rollen übernehmen werde. Als man ihm antwortet, daß ein einziger in allen diesen Rollen

auftrete und das ganze Stück spiele, ruft er aus: „das wußt'
ich nicht, daß du in deinem Körper fünf Seelen hast."

Welche Elasticität des Geistes wie des Körpers gehörte
dazu, an einem und demselben Tage, in einem und demselben Drama, bald den Athamas, bald die Ino, jetzt den
Ares, dann die Aphrodite darzustellen!

Es ist daher nicht zu verwundern, daß man den Mythus
des vielgestaltigen wandelbaren Meergottes Proteus, der
selbst des Feuers und des Wassers Gestalt annehmen konnte,
auf diese Kunst zurückgeführt und in ihm das Urbild eines
gewandten Pantomimen erkannt hat.

Wie viel auch in der Pantomimik dem echten Künstler
die Beobachtung des Maßes in der Darstellung galt, davon
ein Beispiel:

Ein berühmter Pantomime tanzt den rasenden Ajas,
denselben Stoff, den wir vorher bei der dramatischen Flötenmusik gefunden haben, und geht in seiner Darstellung des
Wahnsinnes so weit, daß er einem neben ihm stehenden,
den Chor begleitenden Musiker die Flöte wegreißt und ihm,
als wäre es Odysseus, der neben ihm stände, damit einen
Hieb über den Kopf versetzt. Die große Menge ist von
der Darstellung ergriffen und klatscht ihm Beifall, die Gebildeten sehen zwar den Fehler ein, wagen es aber nicht,
ihm entgegenzutreten, sondern suchen ihrerseits die Verirrung
der Darstellung zu verdecken. So kommt es, daß der Pantomime, auf der abschüssigen Bahn immer weiter getrieben,
von der Bühne in die nächsten Reihen der Zuschauer hinab-
steigt und sich zwischen zwei Senatoren setzt, die in To-
desangst dasselbe Loos schon vor Augen sehen, das er so

eben den Heerden bereitet, bis mehr und mehr die Vermuthung überhand nimmt, die Uebertreibung in der Nachahmung möchte den Pantomimen in Wirklichkeit wahnsinnig gemacht haben.

Nach der Vorstellung bereute der Pantomime seinen Fehler so sehr, daß er ernstlich krank wurde, und als man nach seiner Genesung eine Wiederholung des Ajas von ihm wünschte, einen anderen Künstler statt seiner empfahl, indem er die Bitte mit den Worten ablehnte: Einmal rasen ist genug. Noch tiefer aber als die eigene Verirrung, demüthigte ihn dieser Kunstgenosse, indem er den Wahnsinn des Ajas mit weisester Besonnenheit und innerhalb der Grenzen des Schönen darstellte.

Wenn hiebei der Menge ein tiefes Kunstverständniß abging, so wurde doch der Künstler nicht selten in Aeußerlichkeiten durch das richtige Gefühl und den Takt des Publikums unterstützt.

In Antiochia wurde die Pantomimik mit besonderer Vorliebe getrieben. Als dort einmal ein Tänzer von kleiner Gestalt auftrat und den Hektor darstellen wollte, riefen Alle wie aus einem Munde: „Du bist ja Astyanax, aber wo bleibt Hektor?"

Ein andermal erscheint bei der Belagerung von Theben ein baumlanger Kapaneus und legt die Leiter an die Mauer, um sie zu ersteigen. Steige nur über, ruft man ihm zu, du bedarfst keiner Leiter. Einen beleibten Tänzer warnten sie: Schone unsere Bühne. Einen dürftigen und kränklich aussehenden begrüßten sie mit den Worten: Gott stärke dich).

Maßlos war das Entzücken, welches ihre Darstellungen hervorriefen. Hoch und Niedrig schwärmte für sie. Parteien bildeten sich für und wider beliebte Pantomimen, und es kam zuweilen zu blutigen Kämpfen im Theater selbst.

Während ein altes römisches Sprüchwort sagte: Kein Mensch tanzt, wenn er nicht trunken ist, so verschmähten jetzt sogar die Kaiser nicht, auf der Bühne öffentlich aufzutreten. Die Kaiser tanzten, und die Tänzer waren Kaiser, ihr Einfluß, z. B. der des Paris unter Domitian, entschied bei Hofe bisweilen Alles.

Wie war es möglich, daß sie bei diesen Uebertreibungen sich auf der Höhe der Kunst hielten! Wie das Publikum das Maß des Beifalls, so überschritten sie selbst das Maß des Schönen; von Stufe zu Stufe sinkend fröhnten sie immer ausgelassener der üppigsten, gröbsten Sinnlichkeit, die den höchsten Gipfel erreichte, als selbst Frauen in den Pantomimen aufzutreten begannen.

So kam es, daß die Kirchenväter ihre Kunst eine Teufelskunst, ihre Bühne ein Consistorium der Unzucht nannten, in den schärfsten Ausdrücken vor solchen Ausschreitungen und Ausschweifungen warnten und ihren Abscheu vor dem Theater aussprachen, wo dergleichen geboten wurde.

Diese Thatsache ist für die Folgezeit von Wichtigkeit geworden, indem man das verdammende Urtheil der Kirche, das mit voller Berechtigung die damaligen Verirrungen traf, auf das Theater überhaupt übertrug, Jahrhunderte hindurch sowohl das Schauspiel, als die Schauspieler brandmarkte, und noch lange, nachdem die Kunst und Künstdarsteller bereits wieder einen höheren Aufschwung genommen hatten, die letzteren als Parias behandelte und aus der menschlichen Gesellschaft ausschloß.

Die veränderte Beschaffenheit der Schauspiele, die auf den Theatern zur Darstellung kamen, konnte natürlich nicht ohne Einfluß auf die Einrichtung des Theaters, namentlich der Bühne, bleiben.

Wenn daher die Beschreibung des griechischen und des römischen Theaters, die wir von dem römischen Baumeister Vitruv besitzen, nicht mit den aufgefundenen Ueberresten der griechischen und römischen Theater stimmt, so ist es ein nicht gerechtfertigtes Wagestück, Vitruvs Angaben deshalb als willkürlich zu verdächtigen, und ihnen allen Glauben zu entziehen. Man hat vielmehr den Grund der Verschiedenheit darin zu suchen, daß, während Vitruv das normale griechische und römische Theater geschildert hat, das mit der Zeit geänderte Bedürfniß, anstatt des normal griechischen und römischen, Mischformen hervorgerufen hat, welche beide mehr oder weniger zu vereinigen und die Bühne zur Aufführung der griechischen wie der römischen Dramen, der Pantomimen wie der Musikvirtuosen, geeignet zu machen strebten.

Es ist dabei vor allen Dingen festzuhalten, daß nicht die geographische Lage entscheidend ist, daß also nicht im römischen Lande bloß römische Theater, im griechischen nur griechische gebaut worden sind, daß es vielmehr auf den Gegenstand der Darstellung ankommt, der vorzugsweise in den einzelnen Gegenden beliebt gewesen.

Es ist wahrscheinlich, daß in einzelnen griechischen Städten auch in der Römerzeit vorzugsweise griechische Stücke gegeben, und in Folge dessen die alte hellenische Einrichtung der Bühne beibehalten wurde, in andern dagegen mit der Römerherrschaft auch das römische Theater sich Bahn brach, und mit den lateinischen Dramen, die aufgeführt wurden, auch die Beschaffenheit der römischen Bühne sich geltend machte. Andrerseits aber werden hier und da auch in römischen Städten die Theater für altgriechische Dramen eingerichtet worden sein, wie ja ausdrücklich in römischen Städten griechische Bühnen auf Inschriften erwähnt werden.

Der Hauptunterschied beider bestand darin, daß die römische Bühne eine größere Tiefe hatte, als die griechische, da auf ihr auch die musikalischen Leistungen stattfanden, für welche im griechischen Theater die bei den Römern zu Sitzplätzen eingerichtete Orchestra bestimmt war.

Die Ausgleichung betraf also hauptsächlich das Verhältniß der Breite zur Tiefe des Bühnenraums.

Höchst belehrend ist in dieser Hinsicht das im letzten Jahrzehnte aufgedeckte Theater von Orange, dessen Skene besser erhalten ist, als in irgend einem anderen, selbst in Kleinasien. Während der Bau in seinen Hauptverhältnissen ganz unverkennbar griechisch, nicht römisch ist, hat doch die Bühne eine weit größere Tiefe, fast ganz so groß, wie das Proscenium der römischen Theater. Noch unverkennbarer zeigen die Ausgrabungen des Theaters zu Athen, wie in der Kaiserzeit durch einen Neubau die Bühne erweitert und bis fast in die Mitte der ehemaligen Orchestra vorgerückt worden ist.

Anmerkungen.

Zu S. 4. Der Name Komödie vom κῶμος, welches den festlichen Aufzug bezeichnet, bei welchem das Lied gesungen wurde (ᾄδω).

Zu S. 5. Im Reigentanz um die rauchenden Altäre. S. Euanth. de tragoedia et comoedia p. 2. Comoedia fere vetus ut ipsa quoque tragoedia simplex carmen fuit, quod chorus circa aras fumantes nunc spatiatus nunc consistens nunc revolvens gyros cum tibicine concinebat.

Ebendaselbst seine Siege .. über Pentheus von Theben, Lykurg König der Edoner in Thrakien und Andere, die sich seinem Dienste widersetzt hatten.

Zu S. 6. und gewissermaßen ein Drama unter sich spielte .. διαδραματίζειν heißt es bei Diog. Laert. III. 56. ὥσπερ δὲ τὸ παλαιὸν ἐν τῇ τραγῳδίᾳ πρότερον μὲν μόνος ὁ χορὸς διεδραμάτιζεν, ὕστερον δὲ Θέσπις ἕνα ὑποκριτὴν ἐξεῦρεν ὑπὲρ τοῦ διαναπαύεσθαι τὸν χορόν.

Ebendaselbst zum Verdruß der Festgenossen — Sie wiesen diese neuen Stoffe mit den Worten: οὐδὲν πρὸς τὸν Διόνυσον zurück, welche später zur Bezeichnung von Dingen, die nicht zur Sache gehören, sprichwörtlich wurden.

Ebendaselbst den trojanischen und thebanischen Sagenkreis. Zum ersteren gehören z. B. Agamemnon, Menelaos, Orestes, Elektra, Aias, Achill, Philoktet, zum letzteren
Oedipus, Jokaste, Kreon, Eteokles, Polyneikes, Antigone.
Zu S. 10. Der Opfertisch neben dem Altar — ἐλεὸς.
Poll. Onom. IV. 123. Ἐλεὸς δ᾽ ἦν τράπεζα ἀρχαία,
ἐφ᾽ ἥν πρὸ Θέσπιδος εἷς τις ἀναβὰς τοῖς χορευταῖς
ἀπεκρίνατο.
Ebendaselbst. Mancher saß wohl von einem benachbarten Baume zu. — So wird namentlich eine Pappel
erwähnt. Beller Anekdot. p. 419. ἀπ᾽ αἰγείρου θέα
καὶ παρ᾽ αἰγείρου ἢ ἀπὸ τῶν ἐσχάτων. αἴγειρος γὰρ
ἐπάνω ἦν τοῦ θεάτρου, ἀφ᾽ ἧς οἱ μὴ ἔχοντες τόπον
ἐθεώρουν.
Zu S. 11. Wie einzelne Namen von Volkstänzen
darauf hinweisen. So θερμαϋστρίζειν von θερμα-
στρίς die Zange und γέρανον (Kranich) ὀρχεῖσθαι bei
Lucian. de saltatione c. 34. Poll. Onomast. IV. 101.
Ebendaselbst. Plato spricht sich über den Ursprung dahin aus. de legg. VII. 876 a. μίμησις τῶν λεγο-
μένων σχήμασι γενομένη τὴν ὄρχησιν ἐξειργάσατο.
Zu S. 12. Aristoteles. Poet. c. 1. καὶ γὰρ οὗτοι (οἱ
ὀρχησταί) διὰ τῶν σχηματιζομένων ῥυθμῶν μιμοῦνται
καὶ ἤθη καὶ πάθη καὶ πράξεις.
Ebendaselbst. damit in Uebereinstimmung werden —
die Tanzfiguren Zeichen — des — Liedes genannt. Athen. XIV. p. 628 d. ἐχρῶντο (die Tänzer)
τοῖς σχήμασιν σημείοις τῶν ἀδομένων.
Ebendaselbst. de Jorio, la mimica degli antichi investigata
nel gestire Napolitano. Napoli 1832.
Zu S. 13. Phrynichos — erfand — so viel Tanzfiguren. Plutarch. quaest. conviv. VIII. 9.
σχήματα δ᾽ ὄρχησις τόσα μοι πόρεν, ὅσσ᾽ ἐνὶ πόντῳ
κύματα ποιεῖται χείματι νὺξ ὀλοή.
Ebendaselbst. Ein Hyporchem... von ὑπορχεῖσθαι d. i. zur
Begleitung (des Gesanges) tanzen, wie ὑπᾴδειν zur Be-

gleitung (eines Instruments) singen, ὑπαυλεῖν zum Gesange die Flöte spielen u. a. Procl. 17. ὑπόρχημα δὲ
τὸ μετ᾽ ὀρχήσεως ᾀδόμενον μέλος ἐκαλεῖτο.
Ebendaselbst. der später in tragischen Chören nur
vereinzelt bei sehr erregter Stimmung sich
findet, z. B. in Sophokles Ajas 692, wo der Chor einen
Freudengesang über die vermeintliche Genesung des Ajas
anstimmt: ἔφριξ᾽ ἔρωτι, περιχαρὴς δ᾽ ἀνεπτόμην, und
Trachin. 216. Dergleichen Lieder gehören nicht zu den
Stasima, sondern zu den Hyporchematika, wie sie Ttetz.
Anecd. Oxon. S. III. p. 346 genannt werden: πρόλογος
— ἐπιπάροδος καὶ στάσιμον ἕβδομον ὑπορχηματι-
κὸν σὺν τούτοις.
Zu S. 14. Wie ein schönes Hyporchem zeigt... bei
Athen. XIV. 617, wo Pratinas gegen den Mißbrauch der
Flöte τίς ὁ θόρυβος ὅδε; τί τάδε τὰ χορεύματα
τίς ὕβρις ἔμολεν ἐπὶ Διονυσιάδα πολυπάταγα
θυμέλαν;
ἐμὸς ἐμὸς ὁ Βρόμιος.
τὰν ἀοιδὰν κατέστασε Πιερὶς βασίλειαν· ὁ δ᾽ αὐλὸς
ὕστερον χορευέτω.
Ebendaselbst. Sie waren nicht mehr im Kreise aufgestellt, sondern im Viereck, d. i. nicht κυκλικοί, sondern τετράγωνοι. Die Aufstellung war folgende:

a	b	c	d	e
×	×	⊠	×	×
f	g	h	i	k
×	×	×	×	×
l	m	n	o	p
×	×	×	×	×

a b c d e, f g h i k, l m n o p = στοῖχος 1, 2, 3.
a f l, b g m, c h n, d i o, e k p = ζυγόν 1, 2, 3, 4, 5.
c = Koryphaios.

Zu S. 15. **Die schlechtesten Tänzer. Sie hießen** λαυροστάται, d. i. die in der Gasse stehenden oder ὑποκόλπιοι.
Ebendaselbst. **einzeln nach einander** — σποράδην; dasselbe wird auch καθ' ἕνα genannt.
Ebendaselbst. **Parodos.** Denselben Namen führten auch die beiden Seiteneingänge, sowohl die zur Orchestra als die zur Bühne.
Zu S. 16. **Wechselgesang des Schauspielers und des Chores** ... er hieß κομμός. Der Sologesang des Schauspielers wurde ἀπὸ σκηνῆς genannt; die zwischen den Chorgesängen liegenden Partien des Dialogs sind die ἐπεισόδια, Episoden, weil der Chorgesang ursprünglich die Hauptsache war.
Ebendaselbst. **Liturgien.** λεῖτος aus λεώς (λαός waren Laien) = δημόσιος.
Ebendaselbst. **Den Leistenden ernennt der Stamm,** d. i. Stammverein φυλή, deren Zahl in Athen ursprünglich 4, durch Kleisthenes (509) auf 10 erhöht wurde.
Zu S. 18. **in dessen Hand es lag, ob er ihm einen Chor — bewilligen wollte.** Der gebräuchliche Ausdruck ist χορὸν διδόναι.
Ebendaselbst. **im Sinne des Aristophanes** ... dessen Worte in den Fröschen V. 1054. 55

τοῖς μὲν γὰρ παιδαρίοισιν
ἔστι διδάσκαλος, ὅστις φράζει· τοῖς ἡβῶσιν δὲ
ποιηταί

hieher zu beziehen sind.
Zu S. 20. **abgesehen von den stummen Personen.** Sie hießen auch im Griechischen κωφά oder κενὰ πρόσωπα.
Zu S. 21. **eine Trilogie.** Eine ähnliche trilogische Gliederung des Stoffes findet sich in Schiller's Wallenstein (Wallenstein's Lager, Piccolomini und Wallenstein's Tod).
Ebendaselbst. **ein Satyrdrama.** Erhalten ist uns nur der Kyklop des Euripides.

Zu S. 22. **Einsturz des Brettergerüstes** ... Bei Suidas unter d. Worten *Αἰσχύλος* und *Πρατίνας* steht die Notiz, daß am Dionysosfeste bei der Aufführung von Tragödien des Pratinas, Chörilos und Aeschylos in der 70ten Olympiade das Brettergerüst eingestürzt und von da an ein steinernes Theater erbaut worden sei.

Zu S. 23. Lykurgos, der attische Redner, welcher sich namentlich durch seine Finanzverwaltung große Verdienste um den Staat erworben hat.

Zu S. 24. **nur geringe Ueberreste der Skene.** S. A. Schönborn, die Skene der Hellenen.

Ebendaselbst. **so daß man von einer tragischen, komischen, satyrischen Skene spricht.** Vitruv. V. 8. Genera autem scenarum sunt tria: unum, quod dicitur tragicum, alterum comicum, tertium satyricum. Plutarch vita Demetr. c. 25. 28.

Zu S. 28. *πάροδοι*, genauer αἱ ἄνω *πάροδοι*, zum Unterschiede von den tiefer gelegenen Seiteneingängen auf die Orchestra, die ebenfalls *πάροδοι* heißen.

Ebendaselbst. **und wahrscheinlich zur Aufbewahrung der Theatergeräthschaften u. s. w. dienten.** Darauf führt der Zusammenhang der Stelle bei Demosthenes gegen den Meidias c. 7, namentlich die Worte τὰ προσκήνια φράττων, προσηλῶν und Harpocrat. παρασκήνια ὁ περὶ τὴν σκηνὴν ἀποδεδειγμένος τόπος ταῖς εἰς τὸν ἀγῶνα παρασκευαῖς.

Zu S. 30. **der — Altar (ϑυμέλη).** Die Bedeutung des Wortes Thymele (ϑυμέλη) hat vielfache Wandlungen erfahren. Ursprünglich war es der Altar des Dionysos in der Orchestra, auf welchem dem Dionysos geopfert wurde und um welchen der Chor sich bewegte. Allmählich verschwand der Opferaltar aus der Orchestra oder wurde wenigstens nicht mehr vom Chor der Tragödie benutzt, weil die Beziehung zum Gotte mehr und mehr zurückgetreten war; der Name Thymele aber blieb zur Bezeich=

nung des Gerüstes, auf welchem der Altar gestanden, und auf welchem nach wie vor der Chor seine Tänze aufführte. Zuletzt brauchte man das Wort überhaupt für jedes Gerüst, besonders für die zu musikalischen oder dramatischen Aufführungen benutzten, woher es kam, daß im römischen Theater, in welchem die Orchestra den Senatoren als Sitzplatz eingeräumt worden war, und seine frühere Bestimmung ganz verloren hatte, selbst die Skene mit dem Namen Thymele bezeichnet wurde.

Zu S. 34. **Kothurn.** Ursprünglich bezeichnet das Wort eine Art Jagdstiefel, dann solches Schuhwerk, welches nicht auf den Fuß gemacht war, sondern auf beide Füße paßte (weßhalb ein charakterloser Mensch, der sich in beliebiger Weise gebrauchen läßt, sprichwörtlich **Kothurn** hieß). Davon übertrug man es auf die Fußbekleidung der tragischen Schauspieler, obgleich der Begriff eines erhöhten Schuhes anfänglich damit nicht verbunden war.

Zu S. 35. **eine Art Toupet,** griechisch ὄγκος, die minder hohen Aufsätze hießen *περίκρανον*.

Ebendaselbst. **im ersten Abschnitte S. 11.**

Zu S. 37. **erhielten sie durchs Loos zugetheilt.** Hesych. νέμησις ὑποκριτῶν· οἱ ποιηταὶ ἐλάμβανον τρεῖς ὑποκριτὰς κλήρῳ νεμηθέντας ὑποκρινομένους τὰ δράματα.

Zu S. 38. **zeigt der Ruhm eines Nikostratos ...** Die genannten Schauspieler werden noch von Plutarch de gloria Atheniensium ed. Paris. S. I. p. 426 als die größten Schauspieler erwähnt.

Zu S. 40. **Der Schauspieler Hegelochos ... in den Worten aus Euripides Orestes** (629) ἐκ κυμάτων γὰρ αὖθις αὖ γαλῆν ὁρῶ statt γαλήν' ὁρῶ.

Mag die Erzählung erfunden sein, so liegt ihr doch jedenfalls die Anerkennung der hohen Wichtigkeit einer reinen Aussprache zu Grunde.

Zu S. 45. **wie sie später selbst in römischen Städten eine bleibende Stätte fanden.** S. Orelli inscriptiones latinae T. I. N. 2602, wird ausdrücklich eine scena Graeca bei Römern genannt.

Ebendaselbst. Schon unter Lykurg — war die Bestimmung getroffen... Die Stelle, aus welcher diese Notiz entnommen ist, findet sich bei Plutarch vitae decem oratorum p. 841. F. εἰσήνεγκε δὲ (es ist von Lykurg die Rede) καὶ νόμους τὸν περὶ τῶν κωμῳδῶν ἀγῶνα τοῖς Χύτροις ἐπιτελεῖν ἐφάμιλλον ἐν τῷ θεάτρῳ καὶ τ. λ. τὸν δὲ ὡς χαλκᾶς εἰκόνας ἀναθεῖναι τῶν ποιητῶν Αἰσχύλου Σοφοκλέους Εὐριπίδου καὶ τὰς τραγῳδίας αὐτῶν ἐν κοινῷ γραψαμένους φυλάττειν καὶ τὸν τῆς πόλεως γραμματέα ἀναγινώσκειν τοῖς ὑποκρινομένοις. οὐκ ἐξεῖναι γὰρ αὐτὰς παρυποκρίνεσθαι. Die Aenderung von παραναγινώσκειν in ἀναγινώσκειν und ὑποκρίνεσθαι in παρυποκρίνεσθαι ist von mir im Rhein. Muſ. 1863 p. 130 ff. erklärt und begründet worden.

Zu S. 49. Die Flöte, die zum Ausdruck ebenso der ausgelassenen Freude wie der übermäßigen Trauer geeignet. Ausführliches darüber J. Sommerbrodt in der Encyclopädie von Ersch und Gruber u. ſ. w. Flöte, im griechischen Alterthum.

Ebendaselbst. Die Flöte ist — der Barbaren Instrument. Anders urtheilt R. Westphal in seinem neuesten hervorragenden Werke: Geschichte der alten und mittelalterlichen Musik. Breslau 1864. S. 96. Er nennt nur die Auletik eine „aus der Fremde den Hellenen überkommene Gattung der musischen Kunst", während die Aulodik von uralter Zeit her den Griechen angehört habe.

Ebendaselbst. Das Saitenspiel. Westphal a. a. O. p. 93 unterscheidet als älteste Saiteninstrumente κίθαρις (ionisch-homerisch) λύρα (äolisch-dorisch) φόρμιγξ (allgemein poetisch), von κιθάρα dem entwickelten Instrument für den Agon des Kitharoden. Wie der Aulos mehr der Klarinette als unserer Flöte entspricht, so haben wir uns

unter der Lyra und Kithara nicht sowohl ein der Guitarre
als der Harfe ähnliches Instrument vorzustellen.

Zu S. 50. im uralten Pythischen Nomos. Es ent=
hielt vier Theile: 1. πεῖρα, 2. ἰαμβοί, 3. δάκτυλοι,
4. σύριγγες.

Ebendaselbst. Aus diesen drei Gattungen — bildete
sich die Pantomimik. Die zum Grunde liegende
Stelle ist bei Athen. I. p. 20. d. c. τῆς δὲ κατὰ τοῦτον ὀρχήσεως τῆς ἰταλικῆς (so scheint statt τραγικῆς
gelesen werden zu müssen) καλουμένης πρῶτος εἰσηγητὴς
γέγονε Βάθυλλος Ἀλεξανδρεύς, ὅν φησι νομίμως ὀρ-
χήσασθαι Σέλευκος· τοῦτον τὸν Βάθυλλόν φησιν
Ἀριστόνικος καὶ Πυλάδην, οὗ ἐστὶ καὶ σύγγραμμα
περὶ ὀρχήσεως τὴν Ἰταλικὴν ὄρχησιν συστή-
σασθαι ἐκ τῆς κωμικῆς ἢ ἐκαλεῖτο κόρδαξ
καὶ τῆς τραγικῆς, ἢ ἐκαλεῖτο ἐμμέλεια
καὶ τῆς σατυρικῆς, ἢ ἐλέγετο σίκιννις.
Vergl. J. Sommerbrodt, disputationes scenicae II. de
triplici pantomimorum genere. Lign. 1843.

Zu S. 51. Pylades — Bathyllus. Seneca rhetor.
controvers. excerpt. III. praef. Pylades in comoedia,
Bathyllus in tragoedia multum a se aberant.

Zu S. 52. die Lippen seiner Maske waren ge=
schlossen. Lucian. de saltat. c. 29. τὸ δὲ πρόσω-
πον αὐτὸ ὡς κάλλιστον καὶ τῷ ὑποκειμένῳ δράματι
ἐοικός, οὐ κεχηνὸς δὲ ὡς ἐκεῖνα, ἀλλὰ συμμεμυκός.

Zu S. 53. ein am Schuhe des Musikers angebrach=
tes schallendes Erzinstrument — eine eherne
Sohle κρούπεζα, scabellum, durch welche die Bewegungen
des Pantomimen sowohl, wie der Gesang des ihn beglei=
tenden Chors im Takte erhalten wurden. Liban. de saltat.
ed. Reiske III. p. 385. κτύπου δὲ δεῖ τοῖς ὀρχησταῖς μείζονος ὃς τότε τοῦ χοροῦ διοικήσεται πρὸς τὴν
χρείαν καὶ τοῖς ὀρχησταῖς συμβαλεῖ πρὸς εὐρυθμίαν.
Lucian. de salt. c. 2.

Zu S. 54. **eine werthvolle Schrift des Alterthums.** Es ist die Lucian zugeschriebene, unter seinen Werken uns erhaltene Schrift περὶ ὀρχηστικῆς; von mir im dritten Bande ausgewählter Schriften des Lucian (Berlin, Weidmann 1857.) erklärt.

Zu S. 60. **Vitruvs Angaben** — M. Vitruvius Pollio war Kriegsbaumeister unter Cäsar und Augustus. Sein Hauptwerk sind 10 Bücher de architectura.

Zu S. 61. **das im letzten Jahrzehnt aufgedeckte Theater von Orange.** Vrgl. Caristie, monuments antiques à Orange. Arc de triomphe et théatre. Paris 1856.

Zu S. 62. **Noch unverkennbarer zeigen die Ausgrabungen zu Athen.** Eine Thatsache, die durch W. Vischers Angaben in dem Aufsatze: die Entdeckungen im Theater des Dionysos zu Athen (Neues Schweizerisches Museum 1863, p. 69 ff.), außer Zweifel gestellt ist und als solche die Richtigkeit der oben besprochenen Ansicht bestätigt.

Anhang.

Literatur der letzten fünfzig Jahre.

A. W. v. Schlegel, Vorlesungen über die dramatische Kunst und Literatur. 2 Bände. Paris 1816.
H. E. Genelli, das Theater zu Athen. Berlin 1818.
Grysar, de Graecorum tragoedia qualis fuit circum tempora Demosthenis. Colon. 1830.
F. G. Schöne, de personarum in Euripidis Bacchabus habitu scenico. Lips. 1831.
v. Köhler, Masken, ihr Ursprung und neue Auslegung einiger auf alten Denkmälern. Petersburg 1833.
K. O. Müller, Aeschylos Eumeniden. Mit erläuternden Abhandlungen. Göttingen 1833.
G. Hermann, de quinque judicibus poetarum. Lips. 1834.
Jul. Sommerbrodt, rerum scenicarum capita selecta. Berol. 1835.
Gottl. E. W. Schneider, das Attische Theaterwesen. Weimar 1835.
F. V. Fritzsche, de thymele in theatris Atticis I—III. Rostock. 1836. 37.
C. F. Hermann, de distributione personarum inter histriones. Marburg. 1840.

Julius Richter, die Vertheilung der Rollen unter die Schauspieler der griechischen Tragödie. Berlin 1842.
C. F. Geppert, über die Eingänge zu dem Proscenium und der Orchestra des alten griechischen Theaters. Berlin 1842.
Jul. Sommerbrodt, disputationes scenicae. Lignic. 1843.
C. F. Geppert, die altgriechische Bühne. Leipzig 1843.
G. H. Strack, das altgriechische Theatergebäude. Leipzig 1843.
F. V. Fritzsche, de deo ex machina. Rostock. 1843.
Ph. Wagner, die griech. Tragödie und das Theater zu Athen. Dresden 1844.
A. Witzschel, die attische Tragödie, eine Festfeier des Dionysos. Leipzig 1844.
C. Beer, über die Zahl der Schauspieler bei Aristophanes. Leipzig 1844.
W. T. Streuber, der Sonntag, das Theater und das Sonntagstheater. Zürich 1846.
G. Hermann, de re scenica in Aeschyli Orestea. Lips. 1846.
A. Witzschel, die tragische Bühne in Athen. Jena 1847.
F. Wieseler, über die Thymele des griechischen Theaters. Göttingen 1847.
Jul. Sommerbrodt, de Aeschyli re scenica. Berol. Weidmann. 1848—1858 III partes.
Th. Kock, über die Parodos in der griechischen Tragödie. Posen 1850.
Fr. Wieseler, Theatergebäude und Denkmäler des Bühnenwesens bei den Griechen und Römern. Göttingen 1851.
J. G. Rothmann, das Theatergebäude zu Athen. Torgau 1852.
L. Schmidt, de parodi in tragoedia graecae notione. Bonnae 1855.
C. E. F. Ascherson, de parodo et epiparodo tragoediarum Graecarum. Berol. 1856.
C. F. R. Schultz, de chori Graecorum tragici habitu externo. Berol. 1856.

F. Fritzsche, Quatuor leges scenicae Graec. poeseos. Lips. 1858.
A. Schöll, über die Tetralogie des attischen Theaters. Leipzig 1859.
A. Schönborn, die Skene der Hellenen. Leipzig 1858.
L. Lohde, die Skene der Alten. Berlin 1860.
F. Wieseler, disputatio de loco, quo ante theatrum Bacchi lapideum exstructum Athenis acti sint ludi scenici. Gotting. 1860.
W. Helbig, quaestiones scaenicae. Bonnae 1861.
F. Ch. Höger, Grundzüge der griechischen Bühne. Landshut 1863.
O. Korn, de publico Aeschyli, Sophoclis, Euripidis, fabularum exemplari Lycurgo auctore confecto. Bonnae 1863.
H. Schrader, de sortitione scaenicorum apud Athenienses in »liber miscellaneus editus a societate philologica Bonnensi. Bonnae 1864.«

In unserer Uebersetzungs=Bibliothek griechischer und römischer Classiker sind bis jetzt erschienen:

Aeschylos.	Hesiod.	Polybios.
Anakreon.	Homer.	Properz.
Anthologie.	Horaz.	Pythagoras.
Aristophanes.	Isokrates.	Sallust.
Aristoteles.	Juvenal.	Sophokles.
Arrian.	Livius.	Strabo.
Bion.	Lucan.	Sueton.
Cäsar.	Lysias.	Tacitus.
Catull.	Martial.	Terenz.
Cebes.	Moschos.	Theognis.
Cicero.	Ovid.	Theokrit.
Cornelius Nepos.	Pausanias.	Theophrast.
Curtius.	Phädrus.	Thukydides.
Demosthenes.	Phokylides.	Tibull.
Epiktet.	Pindar.	Vellejus Paterculus.
Euripides.	Plato.	Virgil.
Eutropius.	Plautus.	Vitruv.
Herodian.	Plutarch.	Xenophon.
Herodot.		

Einleitungs=Schriften.

Griechisch-Römische Philosophie, von Prantl.
Römische Geschichtschreiber, von Gerlach.
Griechische Geschichtschreiber, von Wahrmund.
Vorschule zum Homer, von Minckwitz.
Altgriechisches Theater, von Sommerbrodt.

☞ Ein ausführliches Inhalts= und Preis=Verzeichniß dieser Classiker=Sammlung ist in jeder Buchhandlung gratis zu haben.